いま言わずして

二人誌「埴輪」

宇治敏彦
小榑雅章

三恵社

「埴輪」　http://magazinehaniwa.blog70.fc2.com/

扉画／萬葉版画館（萬葉集２巻165　大伯皇女）：宇治敏彦

まえがき

この小誌は、小樽雅章と宇治敏彦が二〇一〇（平成二二）年三月七日からネット上で始めたブログ雑誌「埴輪」の一部を出版化したものです。「ネットに掲載されているのなら、あえて冊子にする必要はないじゃないか」といわれそうですが、そこは二人とも活字文化の世界で長く仕事をしてきた関係で、電子メディア以上に紙と活字に強い愛着があるのです（二人の経歴は巻末の略歴をご覧ください）。

また「戦後民主主義の打破・克服」を目指す安倍一強政治が長期化する中で、多くの日本人の間に「大勢順応」「長いものに巻かれろ」「今日一日を無事暮らせたら」といった現状容認体質が蔓延していて、あの戦争で失った私たちの家族や先輩など三〇〇万人以上の尊い命と引き換えに獲得した「平和」と「自由」が次第に狭められていくのではないか、と二人は強く危惧しています。この冊子に「いま言わずして」との題名を付けたのも近年、弱体化が指摘されるジャーナリズムの世界にあって「戦後民主主義の頑強な信奉者がどっこい生きている」ことを示したい思いもあるからです。

雑誌『埴輪』とは、どういうものかを説明させてください。一九五三（昭和二八）年四月、早稲田大学付属高等学院に入学した小榑と宇治は、同人雑誌づくりを通じて知り合い、新宿の三越裏にあった「青蛾」という民芸調の素敵な喫茶店で「二〇歳になるまでにお互いに立派な作品（小説）を書こう」と誓い合いました。それは儚い夢に終わりましたが、それでも何か一緒に文章を発表する場を持とうと、お互いの個人文集（小榑の「道」、宇治の「偶然」）を止めて、一九五八（昭和三三）年四月に二人雑誌『埴輪』を創刊したのです。当時はガリ版（謄写版）刷りでした。「何それ？」といわれるでしょうが、鉄筆で原紙を切り、それを謄写版印刷するのが学校でも会社でも日常作業として行われていた時代でした。

一九六一（昭和三六）年には今関健一（松竹）、勝田裕之（ＮＨＫ）、岐部堅二（京都

新聞）、今井啓一（日本経済新聞社）、金原忠雄（静岡銀行）といった宇治の友人たち（早稲田大学英文科）も同人に加わりました。こうして『埴輪』は第二三号（一九七〇年一月号）まで刊行されました。よく同人誌のことを「三号雑誌」（創刊して第三号ぐらいで廃刊になる雑誌をあざけって使う言葉）と表現しますが、二〇号以上続いたのですから立派なものだと自画自賛しています。だが、多くの同人がそれぞれの職場で中核になっていくにつれて、同人誌づくりは忘れ去られていきました。

年月は流れ、岐部、今井、金原が旅立っていきました。二〇〇八（平成二〇）年一月一七日、小樽と宇治は新宿で『北辰斜《ほくしんなな》にさすところ』という映画を観ました。旧制第七高等学校（鹿児島）と同五高（熊本）との野球部対抗戦百周年をテーマにした映画で、三国連太郎たちが「旧制高校生たちの伝えたい志、残したい想い」を演じていました。鑑賞後に高等学院時代の恩師・長島健先生（故人、元同学院長）に連れていかれた「すずや」で名物のトンカツ茶漬けを味わいながら宇治は秘かに「高校時代の志と残したい想いの詰まった『埴輪』を復刊しなければ」と思っていました。

それは二年後にようやく実現し、今年で七年目に入りました。宇治はメカに弱いので小樽がブログ雑誌「埴輪」の編集長です。彼は「宇治美術館」と称して宇治が趣味にしている版画やペン画まで紹介してくれています。これも一〇〇回になりました。その一部を本誌でも掲載しています。

「心より出ずる。再び心に至らんことを」。ガリ版刷りの『埴輪』第一号の編集後記では、このベートーベンの言葉を引用しました。今年、ともに傘寿を迎える「老青年」の二人ですが、「恒久の平和を念願し、人間相互の関係を支配する崇高な理想を深く自覚」し、「政府の行為によって再び戦争の惨禍が起こることのないように」（日本国憲法）、これからもブログ雑誌「埴輪」を通して主張し続けたいと決意しています。

どうかご一読のうえ、ご感想をお聞かせくだされば幸いです。

二〇一七（平成二九）年一月

宇治敏彦

いま言わずして

もくじ

政治ジャーナリストの叫び　宇治敏彦

「戦うべきは権力だ、国だ」——花森安治に教えられたこと　小榑雅章

（文中敬称略）

いま言わずして

政治ジャーナリストの叫び

宇治敏彦

1　大平元首相の生誕一〇〇年祭と日米密約問題

［2010年3月19日］

三月一二日夜、東京會舘で故大平正芳元首相の生誕一〇〇年を記念する会合が開かれた。大平は史上初の衆参同日選挙の真っ只中であった一九八〇（昭和五五）年六月一二日、現職首相としてのストレスからくる心臓の病で満七〇歳でなくなった。そのとき私は宏池会（大平派）を担当した政治記者として夕刊に自民党内の怨念政治がもたらした「時代の中での死」という評伝を書いた。あれから三〇年。三月一二日は大平の誕生日である。健在だったら満一〇〇歳になる。

パーティーには中曽根康弘元首相や加藤紘一元自民党幹事長ら政界関係者のほか、来日中だった唐家璇元中国国務委員や新任の程永華駐日中国大使、さらには大平をモデルにした小説「茜色の空」を書いた辻井喬（堤清二）などが出席していた。

その三日前、岡田克也外相の要請を受けて日米間の四つの「密約」を検証してきた外務省の有識者委員会が報告書を提出した。大平は、このうちの二つの密約問題に直接、間接にかかわっていた。一つは一九六〇年の日米安保条約改定時の核持ち込みに関する密約問題で、日本政府は米軍の核搭載艦船が事前協議なしに寄港することを事実上黙認していたことに関連している。大平が池田内閣の外相だった一九六三年四月、当時のライシャワー駐日米大使は大平に「核兵器搭載艦船・航空機の一時立ち寄りは『核持ち込み（イントロダクション）』に該当しない」との米側見解を伝え、大平も異議を唱えなかった。

有識者委員会では、明確な文書による合意はないが、「暗黙の合意」という広義の密約にあたると認定した。実は大平は後にこの密約の存在を公表すべきかどうか大いに悩んだが、党内抗争を心配して結局は公にできなかったと大平の女婿で秘書官を務めた森田一・元自民党衆院議員は証言している。森田によればゴルフをしながらも「イントロダクション」という英語をつぶやきながら苦悩しているようだったという。

もう一つは一九七二年の沖縄返還時に、本来なら米側が負担すべき土地の原状回復補償費四〇〇万ドルを日本側が肩代わりした密約電文に関するもの。これは毎日新聞の政治部記者だった西山太吉が機密電文を入手し、社会党が国会でも追及したが、外務省は密約を否定し続けた。また入手経路に外務省女性職員が関係していたことから「情を通じ」として有名になり、西山は国家公務員法違反で逮捕され、七八年に有罪が確定した。西山は宏池会の担当で特に大平に食い込んでいたから、大平としても逮捕された西山のことを気にかけていた。小説「茜色の空」では後年、大津に遊説した大平が西山記者（小説では田島英吉）と再会し、「ジャーナリストとしての君の活躍は正しいと思っていたが、僕は立場上動けなかった」と釈明する場面が出てくる。

政治家大平の良いところは若い頃、影響を受けた賀川豊彦や西田幾多郎のせいかもしれないが、田中角栄のように猪突猛進するだけでなく、常に自省しつつ、あるいは悩みつつ進むという点であろう。「永遠の今」という言葉など照れずに言える政治家は大平ぐらいだったかもしれない。「良識の保守政治家」と評する向きもあった。

密約問題を私なりに考えてみれば、国益を優先しない首相などはリーダーとして資格はないのだから、AかBかと選択を迫られたとき、Bには毒がないが毒を持ったAのほうが国益によりかなうと判断すれば、Aを選択するのもやむを得ないのではないか。「沖縄の祖国復帰なくして日本の戦後は終わらない」と明言した佐藤栄作首相（当時）が「核持ち込み」前提の沖縄早期返還（A）と、核抜きなら返還にさらに時日を要する（B）こととの選択を迫られ、イントロダクションやむなしと密約を結んで早期返還を実現したのも総理大臣としての心情としては理解できないではない。

問題は三〇年経って外交文書を公開するときの姿勢である。麻生太郎首相をはじめ歴代自民党政権のリーダーは三〇年を経過しても核持ち込みの密約に関しては「一切なかった」としらを切ってきた。これは大いに問題ではないか。「歴史として見た密約問題」と、その当時の「政治決断としての密約問題」とは明らかに性格が違うものであることを認識すべきだ。いまは「歴史としての密約問題」を客観的に分析し、今後の外交政策に生かすべきだと思うが、いかがであろうか。

（文中敬称略）

2　呼び戻したい歴代首相はだれ？

［2010年3月27日］

二〇〇九年の総選挙では、戦後初めてといえる二大政党政党制の下での政権交代が実現し、国民の多くは歓迎の意を表した。しかし、鳩山首相や小沢民主党幹事長の「政治とカネ」疑惑などが大きく影響して内閣支持率は半年で半減した。と同時に、民主党政権への期待がしぼんだ分、野党・自民党への期待感というか、戻り現象が起きているかというと、必ずしもそうなっていない。増えているのは無党派層で、このままでは民主、自民の二大政党ではなく、無党派層と民主党という日本的な擬似二大政党になりそうだ。

鳩山首相が強力なリーダーシップを発揮しないのも国民をいらだたせている一因だろう。そこで表題のような質問を自分自身に発してみた。私の答えは一に池田勇人、二に石橋湛山である。以前、学習院大学法学部で「現代宰相論」という講座を受け持ったとき、約八〇〇人の学生を対象に戦後首相の人気度を調べたことがある。そのベスト五は①田中角栄（二六〇人）②吉田茂（二四六人）③佐藤栄作（八〇人）④池田勇人（三六人）⑤中曽根康弘（三一人）の順だった。一位の田中角栄については「功罪相半ばするが、彼の決断と実行は今日にも求められる」、二位の吉田茂については「戦後日本の基礎をつくった」との理由が目立った。私があえて吉田でも田中でもなく池田と石橋としたのは、「経済活性化」と「元気な日本づくり」という二つの理由からだ。

池田の「所得倍増計画」は当初、「月給二倍論」として打ち出されたが、池田はその狙いについて「月給を上げるのではなく、月給が上がるような経済成長を実現すべきである」と述べている。『現代日本政党史録』（二〇〇三）で池田政治の功罪を担当したとき、私は次のように書いた。

「単にサラリーマンの月給を一〇年以内に二倍にしてみせるというのではなく、日本の経済全体の実力（国民所得）を倍増するといっている点に政治リーダーとしての池田の面目があったとみるべきだろう」

私が一九六一年に政治部記者になったとき、最初に担当したのが「池田番」だった。当時の首相番記者は現在の「ぶらさがり」といわれるような記者会見がなく、ひたすら首相の後を追いかけて、その動静をデスクや官邸クラブのキャップに連絡するのが仕事だった。毎朝早く信濃町の池田邸に出向き、庭先にできている番小屋で待機する。来客があれば用向きを取材するが、首相が出かければその後を車で追いかけた。新聞、テレビ一〇社前後の「番車」が列をなして首相車に離されまいと都内を猛スピードで走った（佐藤内閣の時代に「番車」の接触事故がおきて、爾来、外部での首相追いかけは共同、時事の通信社二社に任せることとし「番車」も一台だけに制限された）。池田首相が首相官邸に入れば、官邸の秘書官室から「いま池田が官邸に入りました」とキャップやデスクに連絡する。秘書官室の隣にはソファが置かれた小さな控え室があり、古参の番記者連中はそのソファの上で花札などに興じて次の首相の動きを待っていた。いまは記者クラブには麻雀台もないが、一九六〇年代はどのクラブでも麻雀、こいこい（花札）、チンチロリンといった賭博が盛んだった。内政クラブ（旧自治省）には国家公安委員長を兼務する自治大臣がやってきて記者と一緒に雀卓を囲む姿も見られた。

「古き良き時代」ともいえるが、賭け事で身上をつぶし、最後は山谷でなくなった記者もいたほどだから、「ブンヤ（新聞記者）には家を貸さぬ」といった戦前の風潮がまだ残っていた時代といえるかもしれない。

話が脱線したが、池田首相は番記者をつかまえては「君らはもっと勉強しろ。日経新聞の縮刷版を番小屋に届けさせるから経済を勉強しろよ」と言っていた。時々、自宅の晩飯やホテルでの懇談会に番記者を招待してくれることがあったが、ご馳走が余ると「もったいないな」といっては折に詰めて記者たちに持たせることを忘れなかった。ケチというより合理主義者だった。

池田は大蔵省出身の政治家だが、決して官僚臭くなかった。エリートが揃う大蔵省でも「赤ゲット」組と呼ばれて出世コースとは遠い時期もあった。政界入りしてからも庶民感覚を持ち合わせている点が国民から好感をもって迎えられた。「中小企業の一つや二つ倒産しても」「貧乏人は麦を食え」などの放言、失言もしたが、案外、本当のことをずばりという政治家だった。私が懇談で聞いた中でいまでも覚えているのは直系の子分の人物評である。「財界に行って一〇〇万円借りてきてくれというと、黒金（泰美・元官房長官）は一〇〇万円借りてくるが、大平（正芳・元首相）は一五〇万円借りて俺には一〇〇万円渡すんだ」。池田内閣の第二次内閣で大平が官房長官から外相に回り、官房長官に黒金が起用されたころのことで、多分、池田と大平の関係が一時微妙になったことと関係があったと思える。

国民が待望した政権交代が二〇〇九年実現したにもかかわらず、それが今日、逆に失望に変じているのは多分に「表の鳩山、裏の小沢」という政権の二本柱の人間性と政策実現能力に原因があるのではないか。下向き加減の国民の気持ちを上向かせるには、あの所得倍増、東京オリンピック、東海道新幹線、高速道路など日本人の夢と希望を大きく膨らませた池田政治の再来ではないが、「今日的池田勇人」が必要な気がしてならない。

❖北村公彦ほか編『現代日本政党史録』第一法規、二〇〇三年

3　民主主義とマスメディアと記者クラブ

［2010年4月5日］

日本政治総合研究所（白鳥令理事長）の理事をしている関係で毎年、外務省とJICA（国際協力機構）が招聘する外国の国会議員たちに「民主主義とマスメディア」というテーマで講義している。二〇一〇年は三月にトルクメニスタンから国会議員八人と国立大学教授など合計一七人が来日し、国会運営セミナーという形で行われた。

私は例年のように「民主主義とマスメディア」と題して二時間講義したが、質問が集中したのは日本の「記者クラブ」制度についてであった。何人かの議員から「記者クラブの法的根拠は何か」「政権に反対の記事を書く記者はクラブから除名できるのか」「クラブに入って政治活動することは認められるのか」「クラブには個人で入るのか、新聞社として入るのか」などの質問が飛び出した。ロシア人通訳は「トルクメニスタンには記者クラブという制度がないから理解が難しいのでしょう」といっていた。

一九六〇年、私は記者になって最初に赴任した群馬県前橋では県警クラブに所属し、翌年、東京に戻ってからは政治部で首相官邸クラブ（永田倶楽部）配属になった。記者クラブが存在する中で駆け出し記者時代を過ごしたせいで、クラブ制度に違和感を持った記憶はない。ただ常に思っていたことは、記者クラブとは取材の出発点であって終着点ではないという点だった。記者が楽をしようと思えば、官庁側の発表をそのまま記事にすることでひと通りの原稿はできるのだが、本当のジャーナリストはそこから補強取材をしたり、疑問に思った点を関係者に当たったりして記事を完成させていく。

役所側にしても一人一人の記者に説明するのは大変な手間と時間を要するから記者クラブを通じて発表を一回で済ませるのは合理的なことであり、記者側も会見での質疑応答を通じて問題点がどこにあるかの理解を深めることができるなど、記者クラブ制度にはそれなりのメリットがある。

問題は、記者クラブが新聞協会やＮＨＫおよび民放連加盟社の報道機関の限られてきたことであり、そこは大いに開放すべきだろう。民主党政権が誕生したのを機にフリーランスの記者やインターネットメディアが記者会見に参加できるようになったことを歓迎したい。もう二〇年ぐらい前のことだが、米国のブルームバーグ通信社が、かぶとクラブ（東京証券取引所の記者クラブ）のオブザーバー会員から正会員にしてほしいと申し込んできた。その理由は、こうだった。

「決算発表時に大量の決算資料が正会員の棚から順番に配られ始めてオブザーバー会員の棚に来るまで約一分三〇秒かかる。そのことは日本の通信社に比べて米国の通信社の資料入手時間が一分三〇秒遅れることを意味し、ひいては米国の株主が日本の株主に比べて株取引の情報を得るのが一分三〇秒遅れることにもなる。これは情報にイコールアクセスできないという点でアンフェア（不公正）ではないか」

新聞協会では、この訴えを受けて外国報道機関の記者クラブ加盟問題小委員会をつくって論議した。私もメンバーの一員として討議に参加したが、米国での発表方法を調べてみると、たとえば商務省では統計発表の場合、記者団に一室に集まってもらい、資料を配布したら三〇分間、その部屋を閉鎖してしまう。三〇分したら「ハイどうぞ」と部屋のドアを開ける。こうした方法をとることで情報へのアクセスが不公平にならないよう配慮しているのだ。私たちも、これを見習って外国報道機関でも二社以上の推薦など正規の手続きがあれば正会員としてのクラブ入会を認めるとの開放政策に踏み切った。それが今回さらにオープンな方向に進んだのである。

日本の記者クラブ制度の歴史は一八九〇（明治二三）年の帝国議会開設にさかのぼる。当初は記者たちが議場内でメモを取ることすら許されなかった。一九〇〇年代になってから記者活動が活発化し、各省庁に次々と記者クラブが誕生した。しかし、本当に自由な取材・発表ができたかといえば、軍部や警察が権力を強めた昭和になってからは取材にも制限が強まり、ついには大本営発表的な記事ばかりになったのである。

トルクメニスタンの国会議員たちにも申し上げたのだが、私が一番強調したいのは「新聞の自由」と「民主主義制度の徹底」とは車の両輪であり、どちらも健全に発展しないと民主政治は育たないということである。政権にとっては邪魔な反対意見でも、その発表をさまたげないという精神こそ失ってはなるまい。

4　憲法改正問題と高柳賢三博士の深謀遠慮

［2010年4月10日］

五月一八日に憲法改定の手続きを定めた国民投票法が施行される。この法律は二〇〇六年、改憲に積極的だった安倍晋三政権当時に成立したものだが、二〇〇九年の政権交代以来、改憲ムードはすっかり影をひそめている。民主党と連立を組んでいる護憲政党・社民党も鳩山由起夫政権が改憲を政治日程にのせることがあれば連立離脱の行動に走るだろう。日本世論調査会が三月中旬に実施した全国世論調査によれば憲法第九条（戦争放棄）に関しては五一％が改正不要と答えている。また集団的自衛権の行使を憲法解釈で禁じている政府見解に対しても「今のままでよい」が四七％（「解釈を変更して集団的自衛権行使」を求める声は一七％）と全体的に護憲論が根強いことを示している。

私は駆け出し政治記者時代の一九六〇年代に内閣の憲法調査会（高柳賢三会長）を

取材していた。この調査会は岸信介内閣の下で設置されたが、社会党が改憲を目論む調査会だと反発してボイコットし、同党に割り当てられた一〇人は欠員となった。国会議員三〇人、学識経験者二〇人から構成された憲法調査会の会長は成蹊大学教授の高柳賢三だった。「制定経過」「運用の実際」「問題点」の三つの部会が毎週、首相官邸で開かれ、官邸クラブの憲法担当記者は公開の審議を取材するのに忙殺された。そのころの官邸クラブでは若手記者は「憲法調査会」を担当するか、総理府ないしは行政管理庁を担当するかに分かれていた。

大学で文学部だった私などは国家統治機構を勉強するのに良い機会だった。当時、各社の憲法担当記者は朝日が松下宗之（後年、朝日の社長になったが、社長在職中に病没）、毎日が西山太吉（後に沖縄関連の密約問題取材で逮捕され退社）、読売が金子某、産経が大森某、中日が大江立夫などといった顔ぶれだった。もう半世紀近く経つから書いても許されると思うが、こうした憲法記者連の間で「改憲三馬鹿大将」と陰口をたたかれた学者委員たちがいた。神川彦松（東京大学名誉教授）、大石義雄（京都大学教授）、大西邦敏（早稲田大学教授）である。似顔絵が得意だった大江記者などは、退屈な論議が続くと、神川ら三人の似顔絵を原稿用紙に描いては仲間に回覧した。なぜ「三馬鹿」と揶揄したかといえば、口を開けば「改憲」「改憲」と何とかのひとつ覚えのように叫んでいたからで、まだマスコミの間では護憲ムードが根強かったこととも関連していた。

憲法調査会の事務局に大友一郎という有能な官僚がいて、私は彼から多くの情報を得た。敗戦後の一九四五年一〇月、マッカーサー元帥の指示を受けて幣原喜重郎内閣が旧憲法改正のための憲法問題調査委員会（委員長・松本烝治国務相）を設置したとき、内閣官房にいた大友は松本国務相付になった。犬養毅が暗殺された首相官邸の日本間が松本の部屋に充てられた。大友の回想によると、松本はGHQ側の対応に大声で怒鳴ることがあったという。国体護持を中心とした松本の改定案はGHQから一蹴され、結局はマッカーサー三原則（元首としての天皇の地位、戦争の廃止、封建制度の廃止）をもとにGHQ主導で草案づくりが進められた。ホイットニー民政局長は三原則提示の際、「戦争の廃止は日本側からの提案」と説明した。日本側提案か、マッカーサー側の提案だったかは、いまだに議論の対象になっている。高柳会長や大友は一九五八年、憲法制定経過調査のため訪米した際、マル秘文書ＳＷＮＣＣ－２２８の全容を知った。これは一九四六年初め、トルーマン大統領の承認の下に国務・陸軍・海軍三省調整委員会がマッカーサー元帥に送った「日本統治体制の改革」であり、ここでは日本が再び軍を持つことに含みを残していた。

それが同年一月二四日の幣原首相とマッカーサー元帥との会談をきっかけに「戦争放棄」に傾いていく。風邪を引いた幣原がマッカーサーからもらったペニシリンのお陰で治ったお礼にマ元帥を訪問した際、幣原の口から「戦争放棄」という提案がなされたという。

マッカーサーの証言によれば、幣原は別れ際に「世界はわれわれを夢想家と笑うでしょうが、一〇〇年後には預言者といわれるでしょう」と言ったという。だが、戦争放棄はマッカーサーの提案だったという説も残っている。高柳や大友は幣原の発意にマ元帥も同意した「日米合作」との見解をとっている。退官後、日本大学教授として憲法を担当した大友は高柳らと共著で『日本国憲法制定の過程』（一九七二）を出版した。一九九八年、大友と二人でＧＨＱの本部があった第一生命ビルを訪ね、マッカーサー元帥が執務した椅子に特別の許しを得てお互いにかけながら話し合ったとき大友が興味深い研究結果を聞かせてくれた。

「第九条の表現はマッカーサー・ノートから現条文に至るまで少しずつ変わっているが、最初の表現は戦争の『放棄（renounce）』ではなく戦争は『廃止する（is abolished）』と受動形の英文表現が使われていた」

大友は、なぜ受動形の英文なのか、その一点を長年考えたという。そして得た結論は「何によって『廃止される』のか。それは時代、国際環境ではないか。戦争が廃止される時代になっている、と和訳されるべきではないか」ということであった。日本大学で一三年間、憲法を講義した際、大友は学生たちに「日本のイニシアチブでできた憲法ではないが、第九条については幣原首相の提案をマッカーサー元帥が受け入れたことを分かってほしい」と話したという。

一九六四（昭和三九）年七月三日、憲法調査会は約七年にわたる審議結果をまとめた最終報告書を池田首相に提出した。報告書は本文だけで一一五〇ページ、付属文書を含めると五五〇〇ページ、厚さ六〇センチに及ぶ膨大なもので、改憲論が多数としながらも改憲、護憲両論を併記している。高柳会長は「この報告書の最大の特色は、憲法改正の是非について結論を出していないことである」と述べている。ずばりいえば高柳は護憲派だった。ただ会長という立場上、自らの見解を鮮明にするのは避けていた。しかし、高柳の本心は調査会の運営ににじみ出ていた。一番の特徴は三部会の一つに「運用の実際」という部会をつくったことだ。条文よりも運用が大事という、いかにも英米法学者らしい考え方である。東京大学法学部で高柳賢三は宮沢俊義（憲法学者）、芦田均（元首相）と同世代で、いずれも秀才の誉高かったが、宮沢が憲法、芦田がフランス法専攻だったのに対して高柳は英米法専攻だった。欽定憲法というかドイツ憲法学者は一字一句、条文と現実が一致していないと気がすまないが、英米法学者は大事なのは条文より運用だという考え方の持ち主だ。最終報告がまとまる少し前に私は朝日の松下記者と一緒に、病気入院していた高柳会長を見舞いに行った。最終報告が出たあと改憲ムードが高まるのではないかと思って病床の高柳に聞いてみたが、彼はベッドに横になったまま「それは国民が判断することで、われわれの報告書がその判断材料の一助になれば幸いだ」と淡々と語った。憲法第九条は、いまや現実とは相当乖離しているが、現実の自衛隊に合わせるために条文を変えるのではなく、「戦争放棄」ないしは「戦争廃止」という理想をあくまでも追求しながら憲法の運用に努力していく――それが高柳賢三の終始変わらない姿勢だった。「運用の実際」という部会を設置したところに高柳の深謀遠慮があると私は思った。

❖高柳賢三、大友一郎、田中英夫編著『日本国憲法制定の過程――連合国総司令部側の記録による』有斐閣、一九七二年

5　あるディープスロートの死

［2010年4月14日］

最初はどういうきっかけで知り合ったか思い出せないのだが、私が第一線で政治記者活動をしていた三〇年以上前のこと。さまざまな政界情報をもたらしてくれた不思

議な人物がいた。地球環境平和財団理事長代行・専務理事の重本勝弘さん。初めは内閣調査室の人かと思ったが、そうではなく民間人だった。男気のある気立ての良い人物で、すぐ仲良しになった。一九八〇年六月、衆参同日選挙の最中に大平正芳首相が急死し、自民党は大平同情票もあって圧勝した。選挙後、ポスト大平の総理総裁候補に急浮上したのが鈴木善幸氏。「ゼンコー・フー（善幸ってだれ？）」が流行語になった。中曽根康弘、宮沢喜一、河本敏夫氏らが下馬評にあがっている中で、派閥の領袖でもない調整型政治家の善幸さんが棚ぼた式に第七〇代総理大臣になってしまったのだから無理もない。しばらくして重本さんがやってきた。「大平首相の存命中から次は鈴木善幸と予測していた人がいますよ」と。「へえー」と私は驚いて、彼の紹介でその人物と会うことにした。神戸市北区道場町にある真言密教の寺、鏑射寺《かぶらいじ》の導師、中村公隆氏。重本さんによると政治家、官僚の中にも中村ファンがいて、迷いがあると神戸の寺まで会いにいくという。導師上京の折に重本さんと一緒に帝国ホテルでお目にかかった。「お祈りをしていると、フィリピンあたりにどうも気になるものが映るのです。いつか火がつきそうです」と何回もいわれた。なんのことか私には想像もつかなかったが、間もなくしてアキノ元上院議員が暗殺され、フィリッピン国内は大騒動に発展した。

また重本氏がもたらしてくれた情報で新聞の紙面づくりに役立ったことが何回もあった。一九八六年の暮れ、「脳梗塞で倒れた田中角栄元首相が年明けに目白台の私邸で新年会をやり二年ぶりに姿を見せるそうですよ」という。さっそく政治部、写真部などに手配したが、田中邸では平河クラブ（自民党記者クラブ）の記者に限り、しかも写真は厳禁と娘の真紀子さんが言っているという。東京新聞では二人の記者がカメラを隠し持って田中邸に入ることにした。重本さんの情報では、とび職たちが木遣り歌をうたい、それを角さんが見るはずだというので、その関係者にも写真を撮ってもらい、フィルムを元日に受け渡してもらう手はずも整えた。一九八七（昭和六二）年の元日は好天に恵まれた。二階堂進氏ら田中派幹部が続々と集まったが、新グループをつくった竹下登氏だけは門前払いだった。紺の背広で姿を見せた田中元首相に記者たちは、こっそりとカメラを向けた。私は重本氏からとび職の人が撮ったフィルムを受け取った。「田中元首相　年始客に元気な姿」。一月三日朝刊（二日は休刊日で新聞は発行されず）一面トップには、そんな見出しで政治部の谷政幸記者が写した元首相夫妻の写真が大きく掲載された。とび職が撮ってくれた写真も二面に掲載した。私は密かに重本さんをディープスロートの一人と呼んでいた。

重本さんの交友関係は国会議員、官僚、外交官、学者、経済人など驚くほど広かった。政界陰陽師を名乗る富士谷紹憲氏（故人）が私のところに創価学会に関する情報をしばしばもたらしていたが、重本さんもまた富士谷氏と交友していることを知って驚いたこともあった。活動範囲も多岐にわたり、日中ジャーナリストカラオケ大会とか、各国大使館同士の親善テニス大会、稲作フォーラムなどさまざまな企画を立案・実行した。そして二〇年前からは最後の仕事になった環境問題への取り組み。地球環境平和財団を立ち上げてUNEP（国連環境計画）との共催で地球の森を守る運動などを精力的に続けてきた。数年前、体調を崩して手術をしたことを聞いたが、酒を一滴も飲まない重本さんがこんなに早く逝くとは夢想だにしなかった。今年（二〇一〇年）二月、急逝したと連絡を受けて耳を疑った。同財団事務局長の矢野等子さんは「重本は祖国・日本を愛し、人をこよなく愛した人生でした。人間味あふれる存在感と一途な純粋さで多くの方々から愛され、慕われた人生でもありました」と追悼文に書いている。まだ六七歳。重本さん、貴方は「生き急いだ」のではありませんか。

6　総理大臣の出処進退

［2010年6月7日］

またまた一年未満で「日本の顔」が変わった。「歌手は二年、総理は一年の使い捨て」と言ったのは竹下登元首相だったが、カレンダーのように年代わりする日本の政治指導者を外国人は「日本って変な国」「これが日本的民主政治なのか」と見ているのではないだろうか。

長年、日本政治をウオッチしてきて総理大臣の出処進退を分析してみると、トップリーダーになるために元手をかけた人ほど辞め方も未練たっぷりで、推されてなった人や二世議員などお坊ちゃんタイプの人は辞め方もあっさりしている（吉田茂元首相のような例外もあるが）。たとえば田中角栄、三木武夫、竹下登各氏などは前者だし、鈴木善幸、細川護熙、村山富市各氏などは後者である。安倍晋三、福田康夫、麻生太郎、鳩山由紀夫氏と、ここ四代の短命政権はいずれも二世三世のお坊ちゃん政治家で堪え性がない。だから突然の辞め方に驚かされる。安倍氏の場合などは、健康状態が原因といえ首相演説を終えて、さて代表質問を受けるという直前の投げ出しだから、それなら首相演説もしないで辞任するのが国会への礼儀というものではないかと思う。

内閣総理大臣という仕事は、やった者でなければ分からないといわれるが、日本という国家が両肩にのしかかっているのだから、眠れない夜があるのも当然だろう。鳩山由紀夫前首相が辞任する前の懇談で、「麻生氏は首相時代に『どす黒い孤独』を感じたというが」と水を向けられ、「私の場合はピンク色の孤独でしょうか。よく眠れますよ」と答えたという。強がりかもしれないが、案外、本当かもしれない。推測するに「麻生前首相だって一年やったのだから、七月の参院選をこなして、進退は選挙結果しだいで」と思っていたに違いない。退陣について奥さんを説得するのに大変だったと中井洽国家公安委員長に語っている。鳩山家は資産家だが、鳩山氏本人はお母さんから巨額の「子ども手当て」をもらっていたぐらいだから総理大臣になるために身銭を切った分の元を取り戻さなくてはという意識は薄く、むしろ夫人のほうがもっと粘れとねじを巻いていたのであろう。

再選確実といわれた鈴木善幸首相が一九八二年一〇月、突然の退陣表明をしたとき私は首相官邸クラブ（内閣記者会）のキャップをやっていた。兜町に「首相退陣」のうわさが流れ、まさかと思ったが、本当だった。善幸さんを長く取材していながら、胸中を読みきれなかったことに忸怩たる思いがした。実はそのひと月前の鈴木訪中で私は同行記者団の団長を務めていた。首相夫人のさちさんと三女の千賀子さん（後に麻生元首相夫人）も随行していた。俳句を詠むさち夫人が北京に向かう機中で「女鬚そりて旅立つ萩の朝」という句を披露してくれた。女性の鬚ってそんなに濃いものなのかな、と「鬚」の一字が何か俳句にそぐわない気がしたものの、その句が首相退陣を腹中に収めたうえでの家族ぐるみの訪中を示唆していたとは気づかなかった。岸信介、福田赳夫元首相ら党内反主流が鈴木再選に反対していたとはいえ、田中派など主流派の圧倒的な支持で、あと二年は総理総裁を続けられる状況が確実だったから「党内融和のために身を引く」とは想像もできなかった。

一一月二二日、首相官邸でサヨナラ・パーティーが開かれたとき、内閣記者会を代表して私は次のような送別の辞を述べた。

過去の総理大臣をみていると、だいたい三つの病気にかかっている。第一が〝孤独病〟で、夜も眠れないと言った人もいる。第二は〝権力病〟で、自分の都合のいい情報しか採用しない。そして第三が本当の〝病気〟。そのために命まで落とした総理もいた。鈴木総理は、そのどれにもかかからなかった稀有の総理ではないかと思います。

今年（二〇一〇年）七月三日、西麻布の永平寺別院長谷寺で鈴木元首相の七回忌法要が行われる。

菅直人新首相は、故市川房枝さんの勝手連から始め、故江田三郎氏の社会市民連合結成に参加した市民派の政治家である。この先、菅内閣がどのくらい続くかは、参院選の結果や民主党内の小沢一郎グループとの関係などにかかっているだろう。こんなことをいまからいうのは失礼になるかもしれないが、もし新内閣が大ピンチを迎えたら、権力の座に固執する田中角栄型ではなく、恐らく鈴木善幸型、村山富市型のあっさり退陣を決断するのではないだろうか。

7　菅直人首相の流儀とセンス

［2010年7月16日］

参院選挙で大敗を喫した菅直人首相がピンチに立っている。九月に民主党の代表選挙が予定されているが、「首相に就任したのが六月だから数カ月でピッチャー交代というのは、いかにも日本国が恥ずかしくなるよね」というのが唯一の防波堤とは、なさけない話だ。

六月二二日、日本記者クラブで参院選公示を前にしての九党首討論会が開催されたとき、控え室で菅首相の態度に違和感を覚えたことが二つあった。名刺交換の際に首相は随行の秘書官に「名刺、名刺」といって秘書官から手渡された名刺の束を自ら確認することもなく日本記者クラブ役員たちに無造作に配ったのだが、受け取った私は目を疑った。「副総理　財務大臣・内閣府特命担当大臣（経済財政政策）　菅直人」とあったからだ。「私も総理大臣の名刺をもらっておこう」といって名刺交換した討論会司会役の川戸恵子さん（ＴＢＳ）もびっくりしたに違いない。菅内閣が発足したのは六月八日。それから二週間も経っているのだから内閣総理大臣の名刺ができていないはずがない。菅さんの手違いではないにしても、古い肩書きの名刺を堂々と総理に渡す秘書官の感覚はどうなっているのだろう。

もう一つは菅さん自身のこと。九党首それぞれに座右の銘や選挙戦の目標を揮毫してもらう恒例の行事で、菅首相は「最小不幸社会」と筆で書いた。六月八日夜、組閣後の記者会見で述べた言葉で、それ自身には何の文句もない。日付を書いて「内閣総理大臣」あるいは「民主党代表」と肩書きを書くのかなと思っていたら、案に相違して「奇兵隊内閣　菅直人」だった。高杉晋作のエネルギーにあやかろうということだろうが、九党首の初の公開討論会という時に果たしてふさわしい表現だっただろうか。

菅首相が六月一七日、民主党公約発表の記者会見で消費税の見直し問題を提起し、唐突に「自民党が提案している当面一〇％への引き上げを参考にしたい」と述べたことが、今回の参院選敗北の一因とされている。確かに、そう思うが、それだけではないものがある。菅氏が政治家街道を突き進んできた「市民運動」とか「市民派感覚」といった政党政治家とはひと味もふた味も違う流儀やセンスと関係あるように思える。総理秘書官のお粗末さ、公式の場で奇兵隊内閣と揮毫するセンスも、何か一九五五年体制時代の大物政治家や官僚の無謬神話とはかけ離れており、民主党の参院選敗北ともどこかでつながっているような気がしてならない。

8　中国と付き合うことの難しさ

[２０１０年10月24日]

私が中国を最初に訪問したのは一九七二（昭和四七）年九月のことだった。田中首相訪中の先遣隊でもあった自民党日中正常化協議会の訪中団（団長・小坂善太郎氏）に随行して取材に訪れたもので、戦後初めてという直行便で上海を経由して北京に飛んだ。上海で日航機に乗り込んできた中国外交部新聞司の王振宇氏は初対面だというのに、びっくりするほど私の経歴について詳しかった。どういう政治家と親しいかまで知っているとは驚くべきことだった。もちろん私も予備知識として新聞司に王振宇という日本担当がいて「ウサギの目の王振宇」といわれるように、いつも寝不足で目が赤い。それだけ日本のマスコミについて勉強しているといった断片的な情報を中国駐在の先輩記者から得ていたが、それに比べたら王さんの私に関する知識は一〇〇倍も多かったろう。

上海から北京までの機中で私たちはできたばかりの「日中記者会」について話し合った。そうこうするうちに二人はすっかり打ち解けて後々までつきあう「老朋友」になった。王さんは日中会館の中国側代表を最後に退職したが、王さんをはじめその後知り合った多くの中国人とはいずれも友人となり、嫌な印象を抱いた人はほとんどない（王泰平という記者は当初は威張った尊大な男に見えたが、王振宇さんと同じく日中会館の代表をするころにはすっかり丸くなっていた）。

ところが「中国という国」「群集としての中国人」となると、筆者の感じはまったく違ってくる。なぜあんな行動に出るのだろうと思うことが増えている。今回の尖閣列島周辺での漁船衝突事件や、その後の中国政府の対応（フジタ社員の拘留、レアアースの禁輸）、内陸部での反日デモなどの報道に接すると、その感を深くする。中国問題専門のある日本人学者は「三〇年ぐらいしないと真相は分からない」というが、一般的には①中国首脳部の人事との関連②中国国内での格差拡大や就職難などに対する若者たちの不満の表れ――と指摘する。

二年後の中国の国家主席に習近平氏の就任が確実になった。親日派だった胡耀邦、胡錦濤路線に比べて習氏は対日強硬派の江沢民元総書記の系統であり、解放軍との関係が深いので日中関係はますます難しくなりそうだ。特に著しい経済発展につれて中国の「大国主義」「覇権主義」が強まれば、日本人の「嫌中」、中国人の「反日」がぶつかり合う機会が増えるだろう。どうしたらいいのか。

私の提案は二つ。第一は「国際世論」の活用である。尖閣列島問題も国際司法裁判所に提訴すればいい。中国側が応じなくても問題が発生するたびに（日本側に明らかに非がある場合は別として）国際世論に事態の正否を訴えつづけるべきだろう。レアアース問題などは既に欧米諸国で中国を批判する声と改善要求が高まっている。また二〇一〇年のノーベル平和賞が作家で民主活動家の劉暁波氏に授与されたことも、長い目でみれば中国の民主化に貢献するに違いない。

第二は、やはり多方面にわたって日中交流を深めることであろう。先ごろ赤坂ACTシアターで坂東玉三郎が主役をつとめる中国・昆劇合同公演「牡丹亭」を観た。玉三郎の見事な演技、高い歌声、中国語に感嘆した。こうした日中競演がどれくらい日中友好に貢献していることか。菅政権が中国首脳との間に人的関係を築くことも急務だし、官民を問わず付き合いを深めることが大事ではないか。曾文彬氏（中部大学教授。元長崎駐在の中国総領事）をはじめ筆者が旧知の中国人と話すたびに出るのは、いかに日中関係を打開するかであり、「嫌中」「反日」という言葉は出てこない。友情が深まるところに「敵」は生まれないのだ。

9　親日派の外国人は東京に留まった

［２０１１年４月２日］

東日本大震災の直後から米国、英国、ドイツなど欧米主要各国は順次、東京の大使館を通じて都心に住む自国民に「東京からの退去」を勧告した。そうした中で「自分は東京に留まります」と、いち早くブログで宣言し、友人たちに知らせたのは、芝白金のマンションに住む故サム・ジェームソン氏（当時七四歳）だった。彼は終戦直後に星条旗新聞の編集者として来日し、以後、シカゴ・トリビューンやロサンゼルス・タイムズの東京特派員を勤めたベテランジャーナリスト。日本語も得意で、こんなジュークも飛ばす。「最初は日経にお世話になり、次は産経にお世話になった。だから次は死刑になると思ったのだが、読売にお世話になりました」。

サムのブログを読んだグレン・フクシマ氏（元米商工会議所日本代表）などから「私も赤坂に留まります」といった返信が寄せられた。震災被害、特に東電の福島原発の放射能漏れで東京を離れ、帰国した外国人も多いと報道されている。そうした中で東京に留まってくれたサムに感謝して一夕、日本記者クラブで食事を共にした。「たまたま震災の日の午前中に食料やコーラを大量に買ったので私は買い占めの必要はないんですよ」。独り暮らしの彼は、こういって笑った。

もう一人の日本好き外国人。マーク・クーム氏（四三歳）。英国カンタベリーの出身で、現在は東京で英会話学校の先生をしている。恵比寿でバーを経営していた日本人女性と結婚し、目黒碑文谷のマンション暮らし。常にBBCなどのヘッドラインをiPhoneでチェックしているが、東日本震災がいかに海外では誇張して報道されているかを私に教えてくれた。「東京はゾンビ映画に出てくるゴーストタウンになっている」「天皇陛下が東京を捨てて京都に転居した」「日本の放射能被害はチェルノブイリの一〇〇倍になるだろう」「英国、米国、韓国、豪州、ドイツは自国民を日本から撤去させた」「放射能漏れで一〇〇〇人以上が死んだ」「銀座では放射性物質に効く薬が法外な値段で売られている」などなど。いずれも英大衆紙『ザ・サン』などの見出しだが、中にはBBCのヘッドラインも含まれているという。M・サンデル教授

（米ハーバード大学）の「正義とは何か」ではないが、私はマークにひとつの問題を出してみた。「大震災で瓦礫の下にお年寄り、壮年、子どもの三人が埋まっている。貴方なら誰を真っ先に救助するか」という問題だ。日本人なら「子ども」か「お年寄り」と答えるだろう。合理的な考え方をする欧米人は、まず「壮年」を救い出す。「お年寄り」「子ども」を救出する際の人手に活用できるから――そういう回答もあるが、どうかと問うと、マークはしばらく考えて「子ども」を最優先すると答えた。「お年寄りは人生を楽しんだ。子どもにはこれからの未来がある」。「壮年」は彼の頭になかった。マークも日本に長く住んで「半分、日本人になったのではないか」と私は彼を冷やかした。ＣＤ収集が趣味の彼は「棚から一枚も落ちなかった」と喜んでいた。もちろん彼も東京を離れない。マークは英国大使館から放射性ヨウ素を被ばくした際に服用する錠剤を四錠もらったと私に見せて「日本人に高く売ろうかな」と笑った。ちなみに米国大使館は何錠配ったのだろうと思って、サム・ジェームソン氏に聞いてみた。「七錠もらった」そうだ。

10　瓦礫の中と避難地域で考えたこと

［2011年5月14日］

3・11東日本大震災からちょうど二カ月経った宮城県石巻市や福島県南相馬市、飯舘村などを小榑雅章さんと一緒に回ってきました。「百聞は一見にしかず」でしたが、被災地を見る前に想像していたこと、考えていたことと違っていた点、想像外だった点がいくつかありましたので、そのことを中心に書き留めておきます。

第一に「被害格差」です。仙台でレンタカーを借りて高速道路を利用して石巻市に向かいましたが、同市内に入っても「どこに震災があったの？」と拍子抜けするほどの通常風景でした。ところが同市中央商店街に入ると状況は激変。信号機が停電で機能しないため全国から派遣されてきた警察官たちが交通整理をしています。「兵庫県警」のゼッケンをつけていました。旧北上川を渡ってマンガッタン（ニューヨークのマンハッタンに似た地形から地元でそう呼ばれるとか）の中洲にある「石ノ森萬画館」

（宮城県登米市石森町生まれの漫画家・石ノ森章太郎氏を記念して二〇〇一年につくられたミュージアム）あたりにくると崩落した家屋が目立ってきました（幸い萬画館の楕円形の建物は無事でした）。岸に上がった船も見えます。さらに川を渡って八幡町、湊町に入ると、まさに瓦礫の町で、ただただ呆然とするばかりです。戦争で爆撃を受けたかのような廃墟です。

東京でテレビ、新聞を通じてのニュースに接していると、石巻市なら石巻市全体が瓦礫の町になってしまったかの印象をもちますが、現状はそうではありません。海側に近い地域から津波の衝撃によって「被害格差」があることを実感しました。自然がもたらした被害は甚大ですが、「津波対策は決してできないことではない。津波から逃げられる地域に暮らすことが生命を守る第一条件」と思いました。東京のような大都会でも住宅やマンションを購入ないし借用する際に「あそこは高台だから大丈夫」とか「あそこは谷の底地のようだから水はけが心配」とか考えるではありませんか。それをもっと真剣に、学術的に、自治体ぐるみで研究し、実行すれば、津波の被害を矮小化できると私は思いました。

第二は原発事故による放射能漏れの「被災格差」です。これは、より複雑な要素を内包しています。翌日、福島市内から車で国道一四号線を通って計画的避難区域や緊急時避難準備区域に指定された川俣町（生糸の里として知られています）、飯舘村、南相馬市を訪ねました。まだ満開の桜をはじめ種々の花が咲き乱れ、新緑が目を癒してくれる山里の高台に飯舘村役場がありました。

「村の水道水は、乳幼児も安心して飲むことが出来ます」。役場の入り口には、そんな立て看板が出ていましたが、その脇には鹿児島県志布志市から支援物資として送られてきた「志布志の自然水」が箱積みになっていました。福島原発の放射能漏れ事故に対する東京電力の補償金（一世帯一〇〇万円、単身世帯は七五万円）の仮払いなどに関するお知らせが出ていました。ほとんど農業従事者の村ですが、計画避難中の農業ができないうえに、農機具のことも気になるのでしょう。善人ばかりとは限りませんから避難中に農機具を盗まれないかとの心配もあるようです。「広報いいたて」（五月一〇日発行）は「計画的避難にあたり農家の皆さんが心配されている農機具の保管についは現在国を交えて検討中です。詳細が決まり次第皆さんにお知らせします」と広報していました。

大気中の放射線量においては、福島第一原発一号機で水素爆発があった直後は飯舘村伊丹沢で四四・七マイクロシーベルト（胸のX線集団検診では五〇マイクロシーベルト）が測定されましたが、現在は三・二マイクロシーベルトと九三％減少しています。飯舘村は原発から半径三〇キロ圏外ですが、水素爆発直後の風向きで放射線量が増えたのでしょう。この風向きは人工的に変えるのが難しいのですが、原発の放射能漏れは人間が叡智を出せば防げないわけではありません。最大の「安全」は、原子力発電によるエネルギー創造を自然エネルギーなどに切り替えていくことです。福島第一原発は廃炉の方向ですが、それでも「家は壊れていないのに外部に避難しなければならない」「土地はあるのに耕すことができない」「牛はいるのに酪農ができない」などなどといった「被災格差」は、解決までに時間がかかりそうです。村役場では避難先希望場所として「ホテル」「旅館」「その他施設」などと書く用紙も張り出されていましたが、村民の切なる希望は自宅に帰れる日、生業に戻れる日の提示（メド）ではないかと想像しました。

第三は、瓦礫と化した町や村の地域です。ここでは「救済格差」を感じました。強風が吹き荒れる中、南相馬の通行禁止に近い区域の海辺に立ってみました。防波堤は壊れ、本来は防波堤を保護するはずのテトラポッドが大量に陸地の奥まで津波の威力で流されていました。コンクリート舗装の道路もところどころ寸断され、まだ水が引かない大地に自動車がポツリポツリと横転しています。もちろん家屋は廃材のようになって跡形もありません。

「うーん」とうなったきり言葉も出ません。しかし、考えようによっては、このようにあったものが根こそぎなくなった大地のほうが（被災者には失礼な言い方になるかもしれませんが）復旧、復興は早いスピードでやれるでしょう。瓦礫とヘドロを除去すれば、新規工事にかかれるからです。厄介なのは中途半端な壊れ方をした建物とか、大きな船が突っ込んだ家とか、ローンで新築したばかりの店とか、撤去・再建に資金と手間隙がかかるところです。（これも被災者にはきつい表現かもしれませんが、「同じ破壊するなら、いっそきれいに津波がさらっていってくれたほうが」と思いたくなります）。

以上、「被害格差」「被災格差」「救済格差」の三つが現地を見た私の感想でした。

「がんばろう！　石巻」「負げねど　がんばる　明日を夢見て！」。石巻で見たスローガンや幟《のぼり》ですが、格差のない復旧、復興策を進めるには政府、自治体、地元民を中心にまさにかゆいところに手が届く気配り、きめ細かな政策が不可欠だと痛感しました。

11　映画『一枚のハガキ』と天皇陛下

［2011年7月24日］

九九歳の映画監督・新藤兼人氏（二〇一二年死去）が自らの戦争体験を踏まえてつくった〝映画人生最後の作品〟『一枚のハガキ』の試写会が七月二〇日、日本記者クラブであった。戦争でお父さんをなくした友・小榑雅章君を誘って一緒に観たが、彼にとっては他人事とは思えないストーリーだったに違いない。大竹しのぶ演ずる農家の主婦・森川友子が召集された夫・森川定造（六平直政）に送った一枚のハガキ。

「今日はお祭りですが　あなたがいらっしゃらないので　何の風情もありません」。

一〇〇人の中年兵の中から上司のくじ引きでフィリピンへの出征が決まった定造は、国内に残る中年兵の松山啓太（豊川悦司）に「もし生きていたら妻にこれを読んだことを伝えてくれ」とハガキを託す。戦後、ブラジルへ渡る決意をした啓太は、渡航前にハガキを書いた友子を訪ね、一〇〇人のうち自分を含むごくわずかな中年兵が生き残ったことへの罪悪感を訴える。だが、友子に言い寄る村の責任者と争う中で海外行きは断念し、友子が住む場所に麦を植えて共に生きる決意を固めていく。

クラブでの試写会前に七月一三日、天皇陛下も鑑賞したプレミア試写会が有楽町であった。同席した新藤監督が「いかがでしたか」と尋ねると、天皇は「ラストシーンで助かりましたね。救いがあるからいいですね」と答えられたという。新藤氏は「新しい日本です」と説明したそうだ。同監督にとって「戦争とは二等兵など下の兵隊がする宿命にあり、その被害も兵やその家族が受けるもの」という。『一枚のハガキ』も一貫して庶民の目で描かれており、天皇の戦争責任や権力者の横暴に対する批判が随所にうかがえる。昭和天皇が直接かかわった戦争批判の映画を現在の天皇がどういう感じで観たのかは、もっと知りたいところでもある。

「昭和」から「平成」に変った日、一九八九年一月七日の早朝、私は宿泊していたJR大崎駅前のホテルニューオータニインで新聞社からの電話にたたき起こされ、急ぎタクシーで品川駅前にあった東京新聞（中日新聞東京本社）に駆けつけた。その前年から約四〇日間、緊急事態に備えてこのホテルに泊まりこんでいたのだが、それも「今日で終わるな」と実感した。当時、私の任務は政治部デスクとして昭和天皇逝去と同時に朝刊一面で始める連載企画を執筆・編集することだった。「平成」という新元号を小渕官房長官が記者会見で披露したあと、「新象徴天皇」と題する連載企画の一回目の原稿を仕上げた。

そのタイトルは「二つの顔」。昭和天皇は戦前と戦後、旧憲法と新憲法を境にして「神」と「人間」、「統治権の総攬者」と「象徴」という二つの顔を持って生きられた。「その点、新天皇はまさに象徴天皇制の申し子といえよう。『戦争責任』論から解き放たれた立場で即位された」と私は書いた。現在の天皇は、なぜ自分の父親が無謀な太平洋戦争への突入を食い止められなかったのか、ということに疑問や批判も持った瞬間が何度もあったのではないかと私は推測している。昭和天皇は敗戦直後の一九四五

（昭和二〇）九月九日、当時疎開中の皇太子に送った手紙にこう書いている。

敗因について一言いはしてくれ。我が国人があまりに皇国を信じ過ぎて英米をあなどったことである。あたかも第一次世界大戦の独国の如く軍人がバッコして大局を考えず、進むを知って退くことを知らなかった。

現天皇も「憲法上の象徴」と「人間」という二つの顔を持っている。だが昭和天皇が「機関」としての役目に拘束されて「人間」としての顔を表面に出せなかったのに比べると、はるかに「機関」よりは「人間」としての存在感を国民に示せるのではないか。沖縄や中国への慰霊や親善の旅、阪神大震災や東日本大震災での被災者へのお見舞い行動など二三年間の在位の軌跡には、そのことが見て取れる。

『一枚のハガキ』を鑑賞後に「ラストシーンで助かりましたね。救いがあるからいいですね」という感想を漏らした天皇。あの戦争で人生や家族をめちゃくちゃにされた中年の男女が、荒地に麦を育て愛を育むことに「平和」の素晴らしさを実感されたのであろう。裏返せば、そのラストシーンに至るまでの戦前・戦中の貧しく暗い日本と天皇や権力を批判した場面を、昭和天皇の長子として胸を痛めながら見たに違いないと思いたい。

［2011年10月27日］

12 喪主なき葬儀

旧知の元カメラマンT氏が亡くなった。八一歳。奥さんは既になく、子どもさんもいなかったので、練馬で独り暮らしをしていた。訃報に接して、葬儀・告別式にでかけた。これまで数え切れないほど多くの葬儀・告別式に参列したが、喪主不在の葬式は初めてだった。

故人が住んでいた場所に近い練馬区谷原にある浄土真宗西本願寺派の敬覚寺《きょうかくじ》という寺で、参列者は十数人だった。親戚縁者は奥さんの甥御さんという男性など数人で、大半の出席者はその寺の門徒だった。聞いてみると、故人は奥さんを亡くしてから、その寺の門徒となり、門徒仲間で旅行したり、会食するのを楽しみにしていたようだった。

私はT氏を幼いころから知っていた。敗戦直後の食糧難の時代に、どこで調達したのか、生きた鶏をひっさげてわが家を訪ねてきては、怖がる私たち幼い兄弟の前で鳥をしめて料理をつくってくれた。そのころのT氏は、新聞社で編集局の庶務的な仕事(当時は「坊や」と呼んでいた)をしていたが、後に写真部に移ってカメラマンになった。長いこと大相撲を担当した。中国からの引き揚げ船が入港する現場につれていってくれたり、新聞社の中を案内してくれたり、ともかく面倒見のいいお兄さんという感じだった。新聞社で総務・人事部長をしていた私の父が仲人になって遅い結婚をした。後に私が同じ新聞社で働くことになって社内で行き合ったり、飲みにつれていってもらった記憶はあるが、不思議なことに一緒の仕事をしたことは一度もなかった。

相撲甚句が本堂に流れる中、喪主なき葬儀は無事に終わった。住職が「相撲甚句の替え歌で仲間を楽しませてくれるなど、ともかく気さくで楽しい人でしたよ」と思い出を語ってくれた。最後まで面倒見の良さはTさんの持ち味だったのだ。小柄なわりに棺は重かった。見送って石神井公園駅まで独りで歩いた。駅前の光和小学校の校庭には大声をあげながら遊ぶ元気な子どもたち姿が見えた。救われる気がした。Tさんも天国で奥さんや私の両親に再会して大声をあげながらはしゃいでいるかもしれない。

最近は「家族葬」や「直葬」が増えてきたという。ひょっとしたら「喪主なき葬儀」もこれからは増えるのであろうか。

［2011年11月11日］

13 「小石、小石」に託した思い

以前、この「埴輪」に「クローチェの本に記されたラブレター」という一文を書いた。特攻隊の青年が愛読していた哲学者の伝記にところどころ○印が付いていて、その字をたどっていくと、「きよこちゃん　さようなら　僕は　きみが　すきだった」

と読めるのだ。
検閲を警戒しての苦肉の策だったのだろうが、切なくて胸が痛くなる。この青年、上原良司氏は一九四五（昭和二〇）年五月一一日、知覧から出撃して沖縄県で米軍機動部隊に突入して戦死した。慶大学生、二二歳。
「きけわだつみのこえ」（日本戦没学生の手記）の冒頭に、この上原青年の「遺書」が掲載されている。

私は明確にいへば自由主義に憧れてゐました。日本が真に永久に続く為には自由主義が必要であると思ったからです。之は馬鹿な事に見えるかも知れません。それは現在日本が全体主義的な気分に包まれてゐるからです。併し、真に大きな眼を開き、人間の本性を考へた時、自由主義こそ合理的になる主義だと思ひます。

（原文のまま）

その後、判じ物の手紙に女性版もあることを梯《かけはし》久美子さんの「百年の手紙」（八月二五日、東京新聞夕刊)で知ったので、読み落とした方のために、ここで紹介しておきたい。

一九三九(昭和一四)年、妙子と名付けた乳飲み子を日本に残して中国に渡った従軍看護婦がいた。日本赤十字社の諏訪としさん(二八歳)。夫に送った手紙。

私はもうお手紙を書くと涙の種だから、止めようと思っておりましたが、ただ今お乳が張ったので妙子の写真を出して見て、とうとう筆を執りました。妙子は元気でしょうか。あの子のことを思うとどうしても泣けてしまうの。でもね、大阪出身で同級生の福岡の支部の人が同船にいて、その人も同じように一年二カ月の子供をおいて来たとて、二人でよく慰め合っています。

これは後輩の看護婦たちが編集した「白の墓碑銘」という本に掲載されている手紙だが、戦地の妻にあてた夫の手紙も掲載されている。

毎日、小生帰宅するごとに、妙子がチチ、チチという。抱いてやれば、ワイシャツの中の方に手を入れて、父チャンの小さな乳を見せれば得心する。これを見て、おまえも私も、子供に対し緊張せずにおられようや。小生も、早く帰らなくては堪るものか。

としの返事には乳も張らなくなったとあったそうだが、その手紙の最後には夫あての挨拶として意味不明の「小石、小石」と書いてあったという。検閲が厳しいことを恐れての配慮だが、「恋しい、恋しい」という夫への愛のメッセージだったようだ。

としは出征から二カ月後に中国で病死。二年後に夫も召集され一九四四（昭和一九）年九月、中国で戦病死した。残された一人っ子の妙子はどうなったのであろうか。

14 「逆算日記」をつけてみよう

［2012年1月2日］

新年を迎えると、手帳や日記帳が新しくなるのが嬉しい。二〇〇七（平成一九）年までは『脳を活性化する 自分史年表』（出窓社）に自分の簡単な記録を書き込んでいたが、二〇〇八年から『10年連用ダイアリー』（博文社）に切り替えている。五年目に入ったが、前年、前々年などの同じ日にどんなことをしていたかが一目瞭然で便利といえば便利である。一〇年日記帳だから今年も含めてあと六年分の余白がある。二〇一七年まで健康でいられるか、頭は呆けていないか、自信はない。

そろそろ「逆算日記」が必要ではないか。自らの終着駅を想定して、不要な書類・資料とか書籍・画集とか木版画の版木類などを大胆に整理すべきではないかと思い始めている。終着駅は芥川龍之介のように自裁しない限り自らで選ぶことができないので、逆算日記帳の一ページ目を西暦何年と決め付けるわけにはいかないが、心構えという点では、常にその逆算日記が必要だろう。

以前、この「埴輪」にも書いた特攻隊の若者たちは「出撃の日」を逆算日記の一ページ目と決めて、今日をどう生きるかを考えていたはずだ。同じ隊員の遺書が何通も残っているのは、その日その日の日記でもあったのだろう。銀座のレコード店の子息で、海軍の特攻に参加した若者が出撃前に短時日の帰宅を許された際、自宅で自らの決意をレコード盤に録音したものを聞いたことがある。それは国や家族のために散華する決意を高校野球の選手宣誓のような高い声で早口に述べたものだったが、彼にとっては逆算日記のひとこまだったに違いない。

先進国中、最も早い速度で高齢化が進む日本では一〇〇歳以上の人が既に四万五〇〇〇人以上に達している。聖路加国際病院理事長の日野原重明さん（一〇〇歳）に以前、日比谷公会堂での講演をお願いしたとき、ハンドマイクで演壇を歩きまわりながら一時間超の講演をこなし、階段をとんとんと早足でおりていく姿に「この人、本当に人間なの？」と思った。三年先まで講演スケジュールが一杯という。それまでは死ねないという日野原さんの逆算日記の一ページは、まだまだ先に伸びているようだ。

平和で健康なら日野原さんのような「元気な一〇〇歳」はますます増えるだろう。それはそれで結構だが、私自身は健康で正常な判断ができるうちにこそ「無にして無に返る」決断の日記帳を書いていこうと思っている。

❖藤田敬治監修『脳を活性化する 自分史年表』出窓社、二〇〇五年

15 「マスゴミ」と言われないために

［2012年11月13日］

「マスゴミ」という造語が最近、ネット上で多く使われている。「マスコミ」と「ゴミ」を合体した言葉だが、明らかに新聞、テレビなど既存メディア批判の表現だ。そのきっかけになったのは森口尚史なる人物による「ＩＰＳ細胞臨床応用」の誤報、兵庫県尼崎市の「連続変死事件報道」の別人写真掲載などだ。

「いずれもプロの記者がきちんと確認していれば防げたはずの誤報だ。しかも、一社にとどまらず、多くの新聞、テレビ、通信社が後追いするなどして同じミスを犯してしまった。その結果、今年のネット世論上、最大級ともいうべき『マスゴミ』バッシングが起きている」とニュースサイト編集者の中川淳一郎氏は一一月三日の東京新聞朝刊に書いている。

読売新聞が特ダネ的に報じ、共同通信社などが追っかけたIPS細胞臨床応用では米ハーバード大が「森口博士の研究に関連する臨床研究もハーバード大及びマサチューセッツ総合病院によって承認されていない」と全面否定した。読売は誤報を認め社内処分を公表した。追っかけ記事を配信した共同通信も誤報を陳謝した。読売の検証記事（一〇月一三日朝刊）によれば「森口氏が今回発表するとしていた論文の『共同執筆者』として名前が挙がっていた研究者らは一二日、『IPS細胞について共同研究したことはなく、論文に自分の名前が記されてことを知らなかった』など、一様に困惑した表情で語った」とあり、この一事を徹底調査することでも森口氏の疑惑を暴くことができたはずだ。

一方、尼崎連続変死事件の顔写真では、NHKをはじめ容疑者として報道した顔写真の本人から「違う」との指摘を受け、陳謝とともに容疑者本人の写真を再報道した。「真実」「正確」を重んじる報道機関としては、まことに恥ずかしい限りで、マスコミに対する長年の信頼が一挙に失われることを報道の仕事に従事する一員として恐れる。

かつて松本サリン事件で容疑者扱いされた会社員の河野義行氏は危険物取扱主任という資格を持っており、自宅の倉庫にさまざま農薬を保管していたことが疑われた原因にもなったが、後年こう言っている。「農薬からサリンができるか、よく調べれば化学合成とはほど遠いことが分かったはず」。新聞記者の勉強不足を指摘したもので、私たちには耳に痛い言葉だった。

共同通信の石川聰社長は一一月一日の同社六十七周年創立記念式で、最近の誤報について反省の弁を述べている。「失敗に共通しているのは、思い込み、確認不足、そして疑問が生じたときの方向転換の遅さです。記者をカバーするのがデスクです。大丈夫か、ちゃんと裏づけはとったか、だれがどういう確認をしたのか、踏むべき手順を踏み、冷静にチェックすればたいていのミスは防げるはずです」

間違いの顔写真を載せた社は読売、毎日、産経、NHK、朝日放送、毎日、関西テレビなどだが、誤報被害にあった女性は「買い物をするにも周りの目が気になり、普段の生活ができない。憤りを感じている」と述べている。こうした補償にも誠実に対応するのは当然だろう。

私が強く危惧するのは、「ネットには正しい情報と間違った情報が混在するが、日刊新聞はおおむね正しい報道だけを載せている」という「新聞神話」がこうしたミスの多発で一挙に崩れてしまうのではないか、という点である。それでなくともネットの発展で新聞経営は危機に直面している。「報道の信憑性」確保に私たちマスコミは最大限の努力を払わなくてはならない。

16　世間は狭きもの二話

［2013年2月12日］

「世間は狭きもの。どこかで繋がっている」と実感した話を二つ。

（その一）東京・内幸町にある勤務先の近くに抹茶も呑ませる喫茶店があって、数年前から通っていた。年配の女性が一人で切り盛りする地下のティールーム。そのママさんは京都の出身ということで、行くたびに京都の話をしてくれた。勉強熱心な人で、平家物語を読んでは「魚龍爵馬」とか「帝厥仙洞」はどういう意味かと聞いてくる。浅学な小生は、その度に宿題として預かって、次回行くときに回答を持参するという具合だった。あるとき別れたご亭主が映画の松竹に勤務していたというので、わが大学時代の友にも松竹助監督をしていた今関健一という男がいますが、というと「よく知っている」との話。それならと筆者はさっそく畏友・今関兄に連絡をとった。今関氏は喫茶店に連絡してくれたようで「シゲちゃんの奥さん」だと、こんな手紙をくれた。「シゲちゃんは（松竹で）有能な美術（担当）で、出が京都の時代劇であり、重宝がられたので、器用な才が災いとなったか、撮影所が斜陽化するにつれ美術部門を任され……最後は置いてきぼり食って、つらい思いをしたと噂に聞きました。奥さんも一緒に苦労したと想像しており、よくぞ内幸町で喫茶店をというのが小生の感想です」と。

ところが二〇一二年末で店を閉めてしまった。彼女の実家はIという京都で一〇〇年以上の歴史を持つ京かまぼこ屋で、兄さんが当主といっていたが、何かの事情で実家に戻れないらしい。喫茶店の入った建物が取り壊しになる関係もあったらしい。別れたご亭主はがんで入院していたが、最後を看取ることができたようだと人伝に聞いた。鎌倉に独り住まいのようであったが、どうしていることか。

（その二）小生は調布市から渋谷区に転居して一〇年になるが、ホームドクターのように診ていただいていた調布の池田医院が遠くなったので、済生会渋谷診療所の松岡健平先生に血圧などを定期的に検診してもらっている。今年一月、定期健診に行ったときのこと。帰り際に顔見知りの看護婦さんが「宇治さん、宇野さんの個展パーティーに行かれていたでしょう」という。「えっ」と驚いたが、確かに二〇一二年一二月初め、麻布で開かれた漫画家、ウノ（宇野）・カマキリ氏の個展パーティーに先輩と出席した。カマキリさんには長年、東京新聞に一枚漫画を描いてもらっているからだ。彼の気さくな人柄を反映して作家の石川好（酒田市美術館長）さんなど多彩な顔ぶれが出ていたが、済生会の看護婦さんまでは気づかなかった。「どういうお友達ですか」と聞くと、笑いながら「呑み友達」との答え。どこで、どう回線がつながっているのか。世間は広いようで狭いものですね。

17 リンカーン大統領とユークリッドの公理

［2013年4月28日］

スピルバーグ監督の映画『リンカーン』を公開前の試写会で見て、二つの点で示唆を得た。

その一は幾何学の「ユークリッドの公理」である。映画ではリンカーン役のダニエル・デイ＝ルイス（三度目のアカデミー賞主演男優賞を受賞した俳優。リンカーンの実像を好演）が無電通信士たちに奴隷解放問題に関連して自説を披露する場面。「ユークリッドの公理によれば、同じものに対して等しいものは全てお互いに等しい、という。人間も同じだ。白人でも黒人でも人間としては同じ価値を持つ」。リンカーンは貧しい家庭に育ったから、自らの努力で二〇〇〇年も前のギリシャの数学者ユークリッドの理論を勉強したのであろう。自明のこと（self evident）として人間はみな平等の権利を持つことを幾何学から学んだ点が素晴らしい。

その二は奴隷制廃止のため米国憲法修正第一三条を下院で可決するため三分の二クリアを目指して共和党だけでなく民主党議員の切り崩しにもあらゆる手段を駆使する場面だ。

64 Democrats lost their House seats in November, that's--64 Democrats looking for work come March. They don't need to worry about reelection, they can vote however it suitem.

（一一月の選挙で民主党は六四議席減らした。来年三月には六四人が失職するわけだ。再選の心配をしなくてもいいわけだから、自分たちの信念のおもむくままに投票できるだろう）

リンカーンは奴隷解放に賛成するよう野党・民主党議員を自ら説得して回る。その結果、憲法修正に必要な三分の二をクリアして、「The amendment to abolish slavery（奴隷制を廃止するための憲法修正案）」が可決されたのである。リンカーンや共和党がもっとイージーな解決を求めようとしたら、まずは憲法修正を「三分の二」から「二分の一」で可能にするような手続きを強行したかもしれない。しかし、それをしなかったところにアメリカの民主主義が存在したのではないか。どの条文をどう変えるのかの議論は二の次で、まず改正手続きのハードルを下げようという安倍政権や維新の会、みんなの党は、「もし社民党や共産党政権ができたら、また憲法改正が簡単になされる」などという反対の仮想はまったくしたことがないのだろうか。憲法改正が三分の二を要件にしている意味をもっと考えるためにも彼らに映画『リンカーン』をぜひ観て欲しい。

18　社友会に見る長寿化社会

［2013年5月11日］

毎年五月の連休明けに東京・内幸町のプレスセンタービルで中日新聞東京本社（東京新聞）の社友会が開かれるが、四五回目となった今年の会合には白寿（数えで一〇〇歳）を迎えた先輩が出席した。山根康治郎さんで、元経済部記者。現役時代にトヨタ自動車の欠陥車問題などを報道した特ダネ記者でもあった。結婚式の仲人が緒方竹虎で、義父は国民新聞の編集局長というジャーナリスト一族。奥さんが九六歳で手術をしてお元気というのだから恐れ入る。「夫婦合わせて二〇〇歳で健康ならギネスブックに載るかな」と笑う。

卒寿（九〇歳）の岡本文夫さんも出席した。元政治部長で海軍一誠会の会長、早稲田大学出陣学徒の会事務局長を務める。「今年は太平洋戦争中の昭和一八年、あの学徒出陣から七〇年を迎えました。また、この年の出陣学徒は全員九〇歳を越えました」と岡本さんの今年の年賀状にあった。

社友会では毎年、古稀（七〇歳）を迎えたOBに記念品を贈っているが、いまや古稀より傘寿（八〇歳）の社友のほうが多い年も出てきた。高齢社会日本は、こんなところにも見てとれる。懇談の中心テーマは一に健康問題、二に旅行や趣味。ゴルフ談義にも花が咲く。

その一方で、今年の会合ではステッキを使っているOBが目立った。なかには二本のスティックを使っている先輩もいた。「階段が怖い。特に下り階段がね」と喜寿（七七歳）の察回り（都内の警察方面回り）ベテランOBがいう。相撲甚句のように歌う彼の察回り記者の数え歌は絶品だ。

新聞記者は現職時代の生活が不規則なせいもあって、一昔前までは「記者」「医者」「検事」は短命だ、といわれたものだ。だが、プレスセンターホールを埋め尽くす社友会の盛会ぶりを見ると、記者も「普通の人」になったと実感する。

19 「五つの大切・一〇の反省」後日談

［2014年1月2日］

二〇一三年、上梓した『実写1955年体制』という本の中で、故田中角栄元首相が提唱した教育徳目「五つの大切一〇の反省」を筆者がつくったことを初めて明らかにしたが、元首相の側近にも内密で進めた作業だったので、出版後さまざまな反響が出ている。

最近出版された『角栄のお庭番　朝賀昭』（二〇一三）という本の中で、二三年間、田中角栄秘書を務めた朝賀氏が、こんなことを語っている。

内憂外患に見舞われていたオヤジさんを励ましたのは、古里・越後の人々であった。桜の季節も過ぎ、皇居の新緑が美しい（昭和四九年）五月一三日。北の丸公園にある日本武道館で「田中総理を励ます新潟県人の集い」が開かれた。朝から久しぶりに元気がみなぎっていたオヤジさんは会場入りすると「新潟県人の皆さんッ！　すっかりご無沙汰しております。私がこんな晴れがましい席で、公の形で激励を賜ることは、今から三五年前、昭和一四年春！　私が現役兵として入営した時以来、初めてのことであります。私は、心温まる古里の心に接し、しみじみたる思いであります」と熱弁をふるった。

演説のハイライトは「５つの大切・10の反省（５大10反）」という徳育の言葉に込められていた。いわく「５つの大切」とは、人間を大切に、自然を大切に、時間を大切に、ものを大切に、国・社会を大切に――と続く。「10の反省」とは、友達と仲良くしたか、弱い者いじめをしなかったか、お年寄りに親切だったか――などの内容だった。

それから四〇年。今年（平成二五年）の夏、私は一冊の本に驚かされた。現在、中日新聞の相談役の宇治敏彦氏が自著『実写１９５５年体制』（第一法規刊）で、〈田中角栄首相の政策づくりやゴーストライターを務めた時期があった〉ことを証言したのだ。この「５大10反」もこの人物の手によるものという。彼は田中派担当でもなく、私や早坂さんも知らなかった。

この教育徳目は拙著にも書いたが、田中氏の「日本列島改造論」の改定版「新しい日本への道」（田中首相退陣とともに幻に終わったのだが）の中の「教育」施策の一部として執筆したものだった。最近、田中首相の秘書官を務めた小長啓一氏（元通産事務次官、元アラビア石油会長）と会った際、私は「あの徳育項目が参院選の争点というより、もっと平時に教育論議の一環として落ち着いた雰囲気の中で提示されたら良かったですね」と言った。すると小長氏は「あの会場で発表したいというのは田中総理直々の希望だったのですよ」と答えた。

朝賀氏によると「田中軍団秘書会の最後には決まって全員で『五大一〇反』を唱和したものだ」そうだ。そのことは私も知らなかった。

❖宇治敏彦『実写1955年体制』第一法規、二〇一三年
中澤雄大『角栄のお庭番 朝賀昭』講談社、二〇一三年

20 「友達」とは何か

［2014年1月9日］

安倍晋三首相の政治手法で懸念されることが多いが、その一つに「お友達」偏重がある。私生活において友達を大事にすることに何も文句をいうことはないが、こと公《おおやけ》の政《まつりごと》となると違うのではないか。

NHKの新会長人事にも安倍氏の「お友達」好みが反映されたと伝えられる。いかに公共放送とはいえ、三代続きで外部の人材、それもマスメディアという報道の分野には門外漢の人物が突如起用されるのはいかがなものか。旧知の今井環氏（現在N響理事長）に日本記者クラブで遭遇した際に「NHKのドキュメンタリーは素晴らしいが、三代も外部からの会長が続くと、そうした作品がつくれなくなることが懸念される。早く内部昇格の会長をつくってはどうか。貴兄がやったらいいじゃないか」と激励した。そばにいたマスコミ仲間も「そうだ、そうだ」と同調した。

小生の懸念は、すぐ現実のものになった。一月二六日の朝刊各紙によると、籾井《もみい》勝人NHK新会長は二五日の就任会見で「特定秘密保護法はしょうがない」「従軍慰安婦は戦争地域ではどこでもあった」「昔の人は『死んで靖国に帰る』といって心を慰めた。千鳥ケ淵（戦没者墓苑）では駄目だという人が大勢いる」などなど、安倍首相の立場を全面支持した。

放送法は事業者に「政治的公共性」を義務づけているし、公共放送といってもNHKは視聴者の受信料で経営されている報道機関で、国営放送とは明確に違う。籾井会長は、そうした基本すらどこまで頭にいれているが疑問視される。

前記の今井氏と小生は日本記者クラブの副理事長を一緒にやっていた仲だが、一月一七日夜の同クラブ新年会に安倍首相が出席し、冒頭、自らの政治所信についてやや長めの挨拶をした。こういう会に出席するVIPは、挨拶後しばらく記者団と懇談するのが慣わしだが、同夜の安倍氏は挨拶を終えると足早に引き揚げていった。「公務多忙なのだろう」と皆囁きあったが、翌朝新聞の「首相の一日」欄を見て多くのジャーナリストがあんぐりした。

「18時10分　日本記者クラブ新年互礼会で挨拶。18時32分　読売新聞東京本社ビューラウンジで同グループ本社渡辺恒雄会長、白石興二郎社長と会食。21時32分私邸着」

「公と私」。そのわきまえ、バランス、目配りに欠ける政治家をトップに戴く日本の未来は決して明るくない。

21　バレエでも日中友好に貢献した中江要介・元中国大使

［2014年3月10日］

一年三カ月前に脳梗塞で倒れた元中国大使の中江要介氏は爾来、意識が回復しないまま三月六日、療養先のホームでなくなった。九一歳。異色の外交官だった。

私が初めて中江さんにあったのは霞クラブ（外務省記者クラブ）で日韓交渉を取材していた一九六〇年代で、条約局法規課長。四〇歳前後の働き盛りで、こちらは二〇代のカケダシ政治記者。拙著『実写1955年体制』（二〇一三）にも書いたが、先輩記者たちは条約局などというニュースネタが飛び出しそうにない部署には全く無関心で、取材に行くのは私ぐらいだった。中江さんは後年出版した『アジア外交動と静』（二〇一〇）で当方のことにも触れていた。「そういえば、その済州島の直線基線の問題でもめているとき、私は法規課長としてこの案件を担当していましたが、最初に私の自宅へ夜回りで来た新聞記者が、この間まで東京新聞の代表をしていた宇治敏彦記者でした」。

エリート外務官僚というと、慇懃無礼というか、言葉遣いは丁寧だが、『フン、そんなことも知らんのか』といった上から目線でものを言う人物が多かったが、中江さんは変わり者の側面はあったが、実直で人間的に尊敬できた。どこが「変わり者」かといえば、仕事は国家公務員だが、趣味は脚本・台本書きで、ひょっとしたら芝居小屋の経営者になっていたかもしれない人生だった。以下は若い頃から何度かお聞きした中江さんの「二つの顔」。

京都大学（その前に東北大学にも学んだ）卒業後、外務省に入ったのが一九四七年。まだ占領下で外務省は終戦連絡事務所だった。新劇が好きだった中江青年は役所のなかに「霞座」という演劇クラブを立ち上げ、自ら脚本を書いた。ペンネームは霞完。確か「五秒前」という原爆関連のテーマだったと記憶している。

外務官僚は語学研修も兼ねて海外勤務を経験し、その初任地が出世コースにもつながる。英米研修だと「アメリカンスクール」、中国や台湾だと「チャイナスクール」といった具合だ。中江さんは一九五二年、フランスへ二年間勤務した。後に昭和天皇のフランス語通訳を務めた時期があったぐらい「フレンチスクール」とみられた。だが本務のかたわら（いや、本務と同様に）パリで新劇をたくさん観劇し、また脚本を書いてはフランス語に翻訳して劇場のプロデューサーに見せていた。その中の一本がパリの芝居小屋で公演されることになった。だが、直前にフランス人の演出家が心臓病で急逝し、上演は中止になった。「もし演出家が元気で、私の脚本が上演されていたら、一外交官としてパリに留まって、貧しい脚本家になっていたでしょうね」

外務官僚として、その後、一九七〇年代にアジア局参事官、局次長、局長として日中国交正常化、日台断交、日中平和友好条約締結などにかかわった後、ユーゴ、エジプト、そして中国と三か国の大使を歴任。一九八七年退官。原子力委員会委員、三菱重工業顧問、日中関係学会初代会長などを務めた。大使時代からバレエの台本を四作発表し、うち三作が内外で公演されている。特に一九九八年、日中平和友好条約締結二〇年を記念して上海の新しいオペラハウス「上海大劇場」で上演された「鵲《かささぎ》の橋」は中国版の牽牛と織姫の物語で、一六光年の遠距離恋愛を達成した恋人同士を日中友好にダブらせて描いている。中江さんは中国要人では胡耀邦総書記と個人的にも親しかったが、その時代にも「蕩々たる一衣帯水」という日中合作バレエを製作・公演しており、本務以外のことで幅広く日中友好のために貢献した大使として名前が残るであろう。

だが、最後に中江さんが言い残したかったことは何だったかというと、やはり「台湾との断交」であったろう。一九七二年の日中正常化交渉の際、表舞台は田中訪中だったが、裏舞台は椎名自民党副総裁の訪台だった。中江さんは椎名副総裁とともに蔣経国総統に会い、台湾側から叱られるという「損な役回り」を演じた。会談で蔣総統は「もう一度大陸を取り戻す」と見栄をきり、椎名副総裁は「従来の日台外交関係は維持される」と匂わした。そばで見ていた中江さんは「歌舞伎の勧進帳、富樫と弁慶が丁々発止やるけれど、お互いに相手が嘘をついていることを承知でメンツを傷つけないよう取り繕って目出度し目出度しになる。外交関係とは、最後は人間が決める。理屈やお金じゃない」と思ったそうだ。現在のこじれた日中関係を打開できるかも、まさにこの「人間関係」にかかっている。中江さんが健在だったら、そう言ったであろう。葬儀は三月一〇日、東京・阿佐ヶ谷教会で行われた。若い頃からクリスチャンの靖子夫人に寄り添うように米寿を迎える直前に洗礼を受けたのだという。家族思いで、律儀な中江さんらしい行動だと思った。

❖宇治敏彦『実写1955年体制』第一法規、二〇一三年
中江要介（若月秀和ほか編）『アジア外交動と静──元中国大使中江要介オーラルヒストリー』蒼天社出版、二〇一〇年

22　今こそ井上ひさしさんを必要としている

［2014年3月15日］

作家・劇作家の井上ひさしさんがなくなってから四月九日で満四年になる。日本ペンクラブの会合などで何回もお目にかかったが、いつも私の職場である東京新聞について静かな口調ながら熱い応援歌を語ってくれた。

「新聞はスポーツ紙や赤旗も含めて八紙とっていますが、真っ先に読むのが東京新聞。執筆中の早朝に新聞配達の音がして、まず東京新聞の最終面から読み始めて各紙を切り抜き七時になったらニュースを見て寝床に入るんです」

毎秋の新聞週間で朝日新聞が「信頼される報道のために」という特集（二〇〇五年一〇月一八日）を組んだとき井上さんは「いま最も生き生きとしておもしろいと思うのは東京新聞」とコメントしている。他紙への賞賛を掲載した朝日の度量にも感心したが、ともかく井上さんの応援歌は尋常ではなかった。日本記者クラブでの講演でも同じように褒めてくださり恐縮したものだ。

井上さんの目線が常に「庶民」「反権力」「反戦」などにあったことと無関係ではあるまい。沖縄に対する目線にも共通している。四歳で父をなくし、一五歳から一八歳まで仙台市の養護施設で暮らした体験も持つ。上智大学在学中から浅草フランス座での喜劇台本を書き、卒業後は放送作家となってＮＨＫテレビの人形劇「ひょっこりひょうたん島」で一躍有名になった。

井上さんの言葉で、座右の銘とされる名言がある。これはジャーナリストや物書きへの至言でもある。「むずかしいことをやさしく。やさしいことをふかく。ふかいことをゆかいに。ゆかいなことをまじめに」書く、というのがそれだ。

現在の政治状況は、外ではウクライナにロシアのプーチン大統領が軍事的威圧を加え、内では安倍首相が「集団的自衛権の解釈変更」「特定秘密保護法」「憲法改正」と逆コース路線をひた走るなど、井上さんが存命だったら黙っていない事態が次々に起きている。いまこそ井上さんを必要とする時代だ。日本ペンクラブ会長時代に専務理事として支えた作家・阿刀田高さんは、井上さんが死去したとき、こんな追悼記を新聞に書いている。

「つい、つい、言ってみたくなるのだが……。会議に遅れるばかりか、いや、それ以上に原稿はつねに遅れる人だった。なのに、どこをまちがえたのか、『どうして早々といってしまったんですか』。それはないでしょう、井上さん」（二〇一〇年四月一二日、東京新聞、中日新聞夕刊）

23 「新岸主義」の危険性

［2014年6月21日］

いま安倍晋三首相がやっている政治は、分かりやすくいえば「岸信介政治の現代版」である。

岸内閣は一九五七（昭和三二）年二月から一九六〇年七月まで約三年五カ月続いたが、この間にやったことを見ると、外交・安保政策では①国防会議で第一次防衛力整備三年計画を決定（一九五七年六月）②訪米で「日米新時代」を確認し、日米安保条約の改定へと動き出す（同月）③岸首相が国会で「在日米軍基地への攻撃は日本への侵略」と答弁（五八年三月）④自民党が安保改定を党議決定（五九年一〇月）⑤新安保条約を自民単独で強行採決（六〇年五月）――など。内政では①改憲案づくりへの下準備として内閣憲法調査会が発足（五七年八月）②文部省が教員勤務評価制度（勤評）の導入を通達（同九月）③警察官職務執行法（警職法）改正案を国会に提出（五八年一〇月）④自民党、安保反対の日本原水協や母親大会を批判し補助金中止を決定（五九年七、八月）などなど。

安倍首相は日露関係については父親の安倍晋太郎氏（元外相）を見習ってプーチン大統領との個人的関係の構築に努めてきたが、その他の政策は明らかに岸政権を「手本」にしている。「新岸主義」と評していいだろう。

日本記者クラブではゲストに記念の揮毫をしてもらうのが慣例だが、安倍晋三氏の墨跡が見事だったので、筆者は「どなたかに習っているのですか」と聞いたことがある。安倍氏の答えはこうだった。「子供のころ祖父の岸が私用の習字の手本をつくってくれた。その上に半紙を置いて、よく手習いしたものです」

見習ったのは文字だけではなかった。政治そのものを「岸信介」という手本に従ってニュー岸路線を目指しているのではないか。

しかし、現在の日本は「新岸主義」を求めているのか、私ははなはだ疑問に思っている。たとえば外交・安保でいえば、確かに経済大国化した中国が軍事面でも大国化しつつあることは日本にとって大きな懸念要因だが、そうかといって「中国封じ込め政策」という安倍路線が妥当とは思えない。少なくとも経済・生活面では日中両国が切っても切れない関係に入って久しく、軍事衝突で「日中断絶」となれば、太平洋戦争前のABCD包囲網と同じように日本人の日常生活は大きな打撃を受けるだろう。だいたいアメリカが安倍首相同様に「中国封じ込め」を考えているか、はなはだ疑問だ。いまイラクに軍事顧問団しか送らない「内向きの警察官」（米国）であるオバマ大統領の態度を見れば「安倍さんよ、日本も中国とうまくやって米国が軍事出動なんて事態だけは避けてくれよ」という気持ちが痛いほど伝わってくる。

内政面でもアベノミクスの成果を全く否定はしないが、かねて私は「安倍政権の第一優先課題は人口問題」と主張してきた。一億人を維持できない時代が視野に入っているのに、現政権は人口パワーの再建政策になんとのんびりしていることよ。

そして岸時代と違う危険な政治環境がある。一つは野党、労働運動、学生運動といった「反体制」の動き、新岸主義の再来に対するブレーキが全く作動していないこと。もう一つは、与党・自民党も安倍独走を許していること。岸政権の強硬姿勢に反発した池田勇人、三木武夫、灘尾弘吉の三閣僚は一九五八年一二月辞表を提出し、赤城宗徳防衛庁長官は六〇年の安保デモ鎮圧に自衛隊出動を求めた岸首相に断固反抗した。

知友・漫画家のクミタ・リュウ氏が『JAPAN as SAMURAI』（二〇一五）という近著の「あとがき」にこう書いている。

「日本の何処かのタガが緩み、ゆるキャラに国民が踊らされている間に、国政は右傾化に大きく舵を取りました。国民を監視する特別秘密保護法も成立しました。戦前、反戦を呼びかけた多くの作家が、投獄され弾圧されたことを思うと、背筋が寒くなります。自由に表現することが出来ない時代へと変わりつつあります」

私も同感です。「自由、民主、平和。大事さに気づいた時は遅かりし」。そうならないように、いまなすべきことは何か。一人ひとりが考え、実行すべき時です。

❖クミタ・リュウ『JAPAN as SAMURAI クミタ・リュウ作品集』ＨＥＷ、二〇一五年

24 三つの「識」が問われる政治とマスコミ

［２０１４年９月６日］

第二次安倍改造内閣がスタートした。「実行実現内閣」というのが安倍首相自身が掲げたキャッチフレーズである。その意気込みは良しとするものの、問題は何を「実行」、何を「実現」するかの中身である。国民生活の実質的改善や日本の平和的環境の改善なら大いに結構だが、市場主義本位の大企業・金持ち優先の経済政策や国民の多くが懸念を表明している集団的自衛権の行け行けドンドン的な軍事優先思想では、あまりありがたくない。それなら、むしろ「実行実現慎重内閣」であってほしい。

私は一ジャーナリストとして現在の政治および政治家に最も必要な三要素は「常識」「学識」「良識」の三識ではないかと思っている。戦後政治の基礎をつくった吉田茂については「経済復興、日本の独立回復に大きな功績があった」というプラス評価と「対米偏重で、独断のワンマン政治家」というマイナス評価の両面があるが、時代の潮流や変化の兆しを読みこむ先見性とか確信という点では優れた資質をもち、いろいろ左右にぶれはあっても「経済中心、軽軍備、対米中心の国際協調」「政治がやらねばならない仕事と国民が自己の判断でやればいいことの区別」などでは一貫性を守った点を評価したい。

たとえば「君が代」の斉唱や「国旗掲揚」を義務付ける国歌国旗法を制定しようという動きが保守党内から起こったときも「愛国心の問題は心の問題で法律で定めるより国民一人一人の自然な気持ちから出てくるものだ」と法制化をはねつけた。

政治学者の御厨貴さんがカミソリ後藤田といわれた後藤田正晴氏（元副総理）がいま生きていたら「政治家はね、常識を磨いて自ら育つもんだ」というだろうと新聞のコラム（八月二六日、朝日新聞朝刊）に書いていた。「権力を振りかざさない権力者」

こそがいま必要だというのである。同感だ。作家の城山三郎さんも、かつて同様のことを言っていた。

「常識」「良識」「学識」。常識とはCOMMON SENSE。森鷗外は「普通の事理を解し適宜の処置をなす能力なり」と解説している。それと「学識」、すなわち専門知識と識見。その両方を備えたうえでの「良識」な政治が望まれる。良識はフランス語BON SENSの訳語で「社会人としての健全な判断力」（『広辞苑』）。第二次安倍改造内閣が、この三識を踏まえたうえでの「実行実現内閣」であってほしいと願うばかりだ。

同時に、その三識に関しては私の住むマスコミの世界に対しても自戒を込めて言いたい。慰安婦問題での朝日新聞社の今回の対応は、明らかに謝り方を間違えた。虚偽の吉田清治証言の取り消しに関しては、かつての架空の伊藤律会見の処理と同様に縮刷版での削除措置も含めて全面的な取り消しとお詫び、それに関連した社内責任の明確化（処分人事を含め）をすべきだった。池上彰氏のコラム掲載拒否（その後、再掲載となったが）も同様に朝日の奢り体質の表れで、論外だ。

ただし朝日の誤報と慰安婦問題の本質とは違う。一九九六年の国連クマラスワミ報告にもあるように「日本軍が雇った民間業者が強制的に慰安婦らを誘拐した」事実も同報告書を作成したスリランカ女性法律家クマラスワミさんの聞き込み調査で明らかになっており、吉田証言が虚偽だったからといって慰安婦問題すべてが虚偽になるわけではない。週刊誌も含めてマスコミの中には、ここぞとばかりに「朝日たたき」「朝日つぶし」を展開している社もあるが、それが慰安婦問題の本質をゆがめないことを切に願う。朝日問題は、朝日の奢り体質の問題という側面と、保守政権の暴走に歯止めをかけてきた良識マスコミの後退という側面の二つを提起している。ましてや朝日叩きで一儲けなどという不純（？）な動機は歓迎できない。

25　ミャンマーでの「民主化」への闘い

［2015年4月18日］

「報道の自由への道のり」。二〇一五年三月二七日から三日間、ミャンマーで開催された国際新聞編集者協会（ＩＰＩ）の第六四回大会に参加した。そこでは政治体制の変革過程で「表現の自由」を確保するのに苦闘しているジャーナリストの姿が印象的だった。世界四五国から約二七〇人の報道関係者が参加し、「紛争報道」「ヘイトスピーチ（憎悪表現）」などをめぐり活発な議論が展開された。

町を走る車の九割強が日本製というヤンゴンでは渋滞が激しく、ミャンマー経済が着実に発展していることを実感した。大会の開会式に来賓として出席したイエ・トゥ情報省担当大臣は「わが国は民主主義国家への改革過程にある。後戻りはしない」と明言し、国際ジャーナリスト社会との関係緊密化にも言及した。

しかし会場ではマスクをした一青年が情報相の挨拶中に立ち上がって「ジャーナリストへの暴力を止めよ、逮捕を止めよ、投獄を止めよ」と書いたプラカードを掲げて抗議する場面もあった。三日目のメディアツアーで「セブン・デー・デーリー」紙の編集局を訪れた際、検閲対象になった紙面を見せてもらった。なかにはアウンサンスーチーさんの写真もあった。「最近は緩和される傾向にあるが、以前はスーチー女史の好きな赤いバラを紙面に載せるのもご法度。だから黄色のバラに変えざるをえなかった」と女性編集者が説明してくれた。

地元有力メディアグループ「ミィツィマ」はメディア特集を組み、「ミャンマー・ジャーナリストたちのジレンマ」と題して次のように書いていた。「イエ情報相の態度は『不誠実』だ。最近も『ミャンマー・ポスト』紙が軍関係の国会議員に批判的記事をのせたとして編集局長と記者が二カ月間の投獄処分になった。記者たちは用心深くならざるを得ない」。大会に来賓として出席した情報相が挨拶後も丸二日間、大会論議を傍聴していたのも「地元メディアに無言の圧力をかけているのかな」と詮索したくなった。同国における「報道の自由」はまだまだ発展途上というところだろうか。

「ヘイトスピーチ問題」も今大会では焦点の一つだった。日本では在日韓国人へのヘイトスピーチが社会問題化したが、中東やアジア諸国でもイスラム教徒、仏教徒、キリスト教徒などの間で、さまざまな敵対表現が使われ、大きな問題になっている。仏教徒が約七割を占めるスリランカから参加した人権擁護活動家、マノリ・カルガンピティィヤさん（サバミマ新聞編集者）は、「昨年（二〇一四年）一月にコロンボ南西部で開かれた過激派仏教集団の抗議集会で四人が死亡、約八〇人がけがをする事件があった。イスラム教徒の商店や家が焼かれ、破壊された」と報告するとともに「主要メディアを活用してヘイトスピーチを止めさせる動きを強めるべきだ」と強調した。大会を傍聴していたドイツ人女性は「言葉だけでなく絵画や音楽を通じての嫌悪表現もなされている。これらの行為を防ぐには教育が必要で、国際機関による防止キャンペーンをやるべきだ」と感想を漏らしていた。筆者は「ナショナリズムよりヒューマニズム」の人類愛的精神を広める以外に、この問題を解決するのは難しいと思う。宗教問題のパネラーとして登壇した立正佼成会の庭野光祥次代会長は「人間の弱いところを救うのが宗教の役割であり、宗教間の対話も重要だ」と指摘していた。

「危機や緊急事態での倫理的報道」に関するセッションに登壇した河北新報の山崎敦記者は、四年前の東京電力福島第一原発事故直後の自らの体験を具体的に語った。「放射能汚染を避けるため記者たちは現場に近づけなかったが、良心の呵責に耐えきれず社を辞めた記者もいた」。

大会中に各国事情を報告する国内委員会も開催された。筆者は①フリージャナリスト後藤健二氏の救出に各国が協力してくれたことへの感謝②特定秘密保護法に対する新聞協会の声明③産経新聞前ソウル支局長の拘束に対する抗議、の三点を報告した。

今大会で理事会議長はガリーナ・シドロバさん（ロシア）からジョン・イヤーウッド氏（米国）に代わった。また日本側理事も宇治から小松浩毎日新聞論説委員長に交代した。理事在任中の新聞協会事務局の全面的な協力に深く感謝したい。会員や会費の減少でIPIも厳しい運営に直面しているが、表現の自由確保に欠かせない国際組織である。協会国際委員長として今後も支援を惜しまないつもりだ。次回大会は来年、ドーハ（カタール）で開催される。

26　世界はどう変わろうとしているのか

［2015年5月31日］

北京にある天壇公園の一角に「ここが世界の中心」と明記した石の台座がある。観光客は、喜んでその台座に飛び乗って記念写真をとる。私が初めて天壇を訪ねたのは日中国交正常化が成った一九七二（昭和四七）年のことだが、当時は歴代皇帝が豊作を祈る三重の円筒堂があるだけの歴史的建造物だった。その後、立派な公園として整備され、「世界の中心」という台座もつくられた。

いま中国が米国という世界の超大国を追い抜いてナンバーワン国家になるのではないかと取りざたされている。まさに「世界の中心」という座が近づいているのだ。

国際通貨金基金（ＩＭＦ）が二〇一四年一〇月一三日に発表した推計によると、購買力平価に基づく中国の国内総生産（ＧＤＰ）は一七兆六〇〇〇億ドル（約一九〇〇兆円）で、米国の一七兆四〇〇〇億ドル（約一八八〇兆円）を追い越して既に「世界一国家」になっているという。

名目ＧＤＰでは二〇一四年、日本を抜いて世界第二位の経済大国になり、二〇三〇年ごろには米国を追い越すだろうというのが経済専門家の一般的見方だが、もっと早く中国の「世界一」が実現すると見ていいかもしれない。

もとより経済には「量」と「質」の両面があるので、「量的ナンバーワン」だから「質的ナンバーワン」ということにはならない。円安傾向もあって急増する訪日中国人が買って帰るお土産のナンバーワンが「温水便座」（約四万円弱）だというのも、よくわかる話だ。

化粧品、時計、刃物、電気釜、テレビなど日本製の方が中国製より優れていることは、中国人自身がよく知っていて、秋葉原だけでなく銀座のメイン通りも、いまでは中国人の買い物客で賑わっている。

今年は戦後七〇年で、安倍晋三首相が八月に出す「首相談話」が中国、韓国、米国など世界各国から注視されている。中韓両国は「侵略」「慰安婦」といった表現が継承されるかなど二〇年前の村山富市首相談話（戦後五〇年の首相談話）との比較に強い関心を示している。米国はどちらかというと「日米関係」「対中戦略」への日本の対応により強い関心を抱いているようだ。五月の安倍訪米を国賓級待遇でもてなしたのも、迫りくる中国の「米国を抜きナンバーワン国家に」が現実化していくことへの危機感、不安感及び対抗準備からに違いない。中国が始めたアジアインフラ投資銀行（ＡＩＩＢ）への不参加も、同銀行のガバナンス（統治）への不安感もさることながら「中国主導の計画には慎重に」という対抗心があるからだろう。

キューバ危機以来の半世紀にわたるキューバとの断交状態を断ち切って「歴史的和解」に踏み切ったのもオバマ大統領の対中戦略と無関係ではあるまい。米議会上下両院合同会議での演説という機会を朴槿恵韓国大統領（二〇一三年）と安倍首相（今年）に提供したことも、バックには中国を意識している米国の思惑が読み取れる。岸田文雄外相は五月二日、一五人の経済人を引き連れてキューバを訪問し、フィデル・カストロ前国家評議会議長と会談した。米国・キューバの和解に歩調を合わせたかのような行動だが、外相が歴史的和解の背景に「米国の対中戦略」がどれだけ含まれていたかを十分理解していたかどうかは分からない。岸田外相は五月一三日、東京都内のホテルで開かれた岸田派（宏池会）総会で挨拶し、「今年は宏池会が池田勇人先生により結成されて五八年。池田、大平、鈴木、宮澤と四人の総理大臣を輩出し、現在の安倍政権にも五人の閣僚を送り込んでいる。宏池会の長い伝統と保守本流の思想・政策が日本政治の中核をなしている」と強調した。しかし、乾杯の音頭を取った古賀誠宏池会名誉会長は「腹ふくるる思いだが、今日は乾杯だけといわれているので」と言葉を濁した。宏池会の「伝統」「保守本流」が安倍一強政治の中で埋没しているのは多くの人が承知しており、世界の変化の核心をどれだけ現役政治家たちが認識しているのか、はなはだ心もとないものがある。

二〇年前の一九九五（平成七）年、日本は阪神淡路大地震や地下鉄サリン事件が発生し、戦後五〇年と重なったこともあって「日本第二の敗戦」の年ともいわれた。作家の堺屋太一氏が「俯き加減の男の肖像」と題する小説を発表するなど、日本列島全体を陰鬱な空気が覆っていた。当時、米国スタンフォード大学のオクセンバーグ教授が言ったという次の言葉が話題になった。

「舞い上がる鷲」「吠える竜」「さまよえる熊」「しおれる菊」

こう書くと、賢明な読者はすぐお分かりと思うが、「舞い上がる鷲」とは米国のことである。一時は日本に追い上げられ、経済摩擦が深刻化したが、リストラ効果も出て、アメリカというイーグルが再び大空に舞い上がっているというのだ。

「吠える竜」とは中国のことで、一時は二桁台の経済成長率でドラゴンが吠えている元気な国を象徴している。

一方、「さまよえる熊」はロシアを指し、共産党政権の崩壊でグラスノスチ（公開性）などペレストロイカ（立て直し）に踏み出したゴルバチョフ大統領だったが、必ずしもうまくいかず大きなベアがさまよっているというのだ。「しおれる菊」はベネディクトの名著「菊と刀」に象徴される日本のことで、バブル経済がはじけた日本はしおれた菊のようだというのである。

この四つの譬えを述べた米国の学者は、次のように分析した。

「われわれは二つの判断ミスをした」。一つのミスはロシアについてであり、宇宙に初めて人工衛星を打ち上げたソ連（当時）という国はすごい科学技術を持った国に違いないと思い、「追いつけ追い越せ」で一生懸命にスプートニクに追いつく技術を開発し、月に人工衛星を打ち上げたことで、ようやく勝ったが、振り返ってみると、ソ連という国もそうたいしたことではなかったのではないか。

もう一つの判断ミスは、日本についてで、一九八〇年代から九〇年代への日本経済の対外進出ぶりを見ていると第一次世界大戦前のドイツのようにいまにも日本が米国に「追いつき追い越す」のかと思ったが、バブル崩壊後の日本を見ていると、我々の判断は間違っていたのではないか。

「そして私たちは、第三の判断ミスをするかもしれない。それは中国の成長についてであって、いまの中国の勢いが二一世紀になっても続くかどうかは、慎重に分析する必要がある」

オクセンバーグ教授は既にこの世にいないが、「吠える竜」はますます吠え続けている。

二一世紀が「新冷戦の時代」と呼ばれ、過激派テロの動きに世界の視線が集まりがちだが、それと並行して中国の台頭――独走がもたらす世界への影響を私たちは、もっと分析しなければならない。もし中国が米国を抜いて「世界一の大国」になったとしたらどう対応すべきだろうか。

私自身を含めて日本人の多くは「こんなに速く中国が成長大国になるとは思わなかった」と感じているのではないだろうか。私が初めて中国の地に足を運んだ一九七二年当時はもとより、四人組が逮捕され自由化・解放政策が始まった一九七八年当時でも、現地を取材した私の率直な感想は「少なくともあと三〇年ぐらい経たないと経済大国化は無理かな」と思えた。

それが急展開を見せたのは鄧小平が「先富論」を唱えて「先に富める者は先に富んだら良い。それ以外の人も後から富めるようについていけばよい」と主張し、「黒い猫も白い猫もネズミをとる猫はいい猫だ」と言い出したあたりからだった。

「為人民服務《ウエイレンミンフーウー》」という中国語がある。「人民のために働く」という毛沢東語録だが、赤い表紙の毛沢東語録が必携の時代だった文革当時は、電話を掛けるにも毛語録をまず言わないと交換手が相手につないでくれなかったという。このため中国人は毛語録の中で最も短いフレーズを探した。それが「為人民服務」で、「ウエイウエイ（もしもし）、ウエイレンミンフーウー」が常態化したという。

しかし鄧小平の「先富論」が浸透してくると、人民は「為人民弊服務《ウエイレンミンビーフーウー》」と変わっていった。「人民のため」が「人民元のため」に変じたのだ。その進化した姿が今日の中国といっても過言でない。

その結果、世界がどう変わっただろうか。安い労働賃金につられて中国進出を図った日本企業も現在はタイ、ベトナム、ミャンマーなどへと進出先を移しつつある。いまミャンマー（ヤンゴン）へは成田から一日一便、直行便（ＡＮＡ）も飛んでいる。

今春ミャンマーへ出張したが、行きの便はビジネス姿も含めて日本人でほぼ満席だった。同国が外国からの投資を呼び込むため同国南部のダウェーに大型経済特区を設けているため、日本の投資が急増している。ちなみに渋滞が激しいヤンゴン市内を走っている車は九割以上が日本車だ。現地の日本人ジャーナリストによると「日本からさまざまな投資家がやってくる。最近は暴力団も来ているようだ」と、ミャンマー人気(?)の高さを教えてくれた。

だがミャンマーも含めてアジアの国々も日本同様に「世界一の大国」にならんとしている中国とどう付き合っていくかを模索中だ。カシミール地方で中国との領土問題を抱えるインドのモディ首相が今年五月中旬、初訪中して習近平主席と会談した。習主席はモディ首相を西安の大雁塔(玄奘三蔵がインドから持ち帰った経典が保存されていた塔で、西安のシンボル)を案内するなど異例の厚遇ぶりを見せた。「一帯一路」(現代のシルクロード計画)やＡＩＩＢへのインドの協力を取り付けると同時に、中印両国の蜜月関係を日米両国などに見せつける中国側の狙いもあったのだろう。これに先立ち習主席は五月八日、モスクワでのプーチン・ロシア大統領との会談では「ともに戦勝国として第二次世界大戦の歴史を否定・歪曲・改ざんする試みに反対する」との共同声明を出し、日本の安倍政権にくぎを刺した。

一方、米国のケリー国務長官は五月一六日、北京での王毅中国外相との会談で「南シナ海の南沙諸島で中国が急ピッチで進めている岩礁埋め立てに懸念を持っている」とけん制した。王毅外相は「完全に中国の主権の範囲内のことである」と反論したが、アジアを舞台にさまざまな側面で中国と米国の駆け引きが今後盛んになるだろう。日本は安倍首相の「平和安全法制」への異常なのめり込みに見られるように米国全面支援だが、経済面で苦慮しているヨーロッパは「頭はアメリカ、体は中国」という二面性を見せている。

徐静波・アジア通信社社長は二〇〇一年から「中国経済新聞」(日本語)を日本国内で発行し、中国最新事情を伝えている。彼は最近『二〇二三年の中国』(習近平政権後、中国と世界はどうなっているか?)という興味深い本を出版した。その中で中国経済の未来について次のように予測している。

二〇一五年　購買力平価ベースで世界最大のＧＤＰに
二〇一七年　世界最大の「消費大国」に
二〇一八年　世界最大の「投資大国」に
二〇二〇年　世界最大の「製造大国」に
二〇二三年　世界最大の「ＧＤＰ（名目）大国」に

そして二〇二三年にポスト習近平政権が誕生し、文字通り中国は世界ナンバーワンになるというのだ。具体的には「消費額が一五兆ドルを超え、世界一の市場になる」「世界上位企業五〇〇社は、半分以上が中国企業となる」「パナソニックなど日本企業の多くが中国に買収される」「年間一〇〇〇万人の中国人観光客が日本に押し掛ける」などとみる。

良かれあしかれ、当分は「吠える竜」を中心に世界は回転していくだろう。故オクセンバーグ教授が言った「ひょっとしたら我々は『第三の判断ミス』をするかもしれない」という事態は、目下のところ、その可能性が低いように見えるのだが……。

27　友ありて……の出版記念会を終えて

［2015年7月24日］

『政《まつりごと》の言葉から読み解く戦後70年』という拙著の出版記念会が二〇一五年七月二一日、東京・プレスセンタービルで九〇人近くが出席して開かれた。鈴木俊一自民党総務会長代理（故鈴木善幸元首相の長男）、福川伸次東洋大理事長（元通産事務次官）、白鳥令日本政治総合研究所理事長（東海大名誉教授）をはじめジャーナリスト仲間や小学校・中学校・高校・大学時代の友達が参集して、本人が言うのもおかしいが、和気あいあいの素晴らしい会合になった。

それもひとえに早稲田高等学院の同窓生、小樽雅章、松田光敏、野口哲亮、高田浩雄、川原静也の各氏が発起人になって具体化に動いてくれたお蔭と深く感謝している。また出版記念会の言いだしっぺ、冨田光彦君（元滋賀大教授。銘酒「七本鎗」をつくっている冨田酒造のオーナー）も滋賀県木之本から駆けつけてくれた。

小生にとっての本づくりは二年前の『実写1955年体制』(二〇一三)以来で、一〇冊目(共著を含めると二六冊目ぐらい)だが、戦後七〇年の節目ということもあってか、毎日新聞が七月一九日朝刊の書評欄で取り上げてくれたほか、東京新聞、「暮らすめいと」、日本新聞協会報、日本記者クラブ会報などでも紹介してもらった。

出版記念会は処女出版だった『新中国への旅』(一九七五)以来、四〇年ぶりのことだった。その時も小榑君らが参加してくれたが、当時は出版社主導の記念会だったのに対して、今回は友達主導の記念会だったのが、何より嬉しいことだった。プレスセンタービルの幹部たちから「小中高校そして大学の同窓生が揃って出席なんて珍しいし、羨ましいですね」と言われた。筆者は戦争中の疎開もあって小学校は四回変わっているが、最後の横浜市立東台小学校(鶴見)の同窓生とは、数えてみると七〇年近い付き合いになる。早稲田高等学院に入学したのは一九五三年だから、こちらも六〇年余の友達で、もちろん妻との生活より長い。会社での先輩、同僚、後輩と違って、直接の利害関係がなく、何時までも「友達」として付き合えるというのが、何よりの宝である。

今回の拙著は「政治上の言葉」について分析したものだが、二〇一四年あたりから安倍晋三首相が集団的自衛権に本格的に踏み込んでいくのを見て「いま黙っていることは、マスコミ人の自殺に等しい」と思い、単に「言葉の解説」ではなく、「戦後一〇〇年、二〇四五年への提言」という一章を加えて五つの提言を盛り込んだ。「『戦後』という言葉を残さなくてはならない」(「戦後」が消えることは、新しい「戦争」が始まることにつながるから)、「『半内半外』視線の日本人になろう」(ヒューマニズムを大事にしよう)、「若者たちへの遺言『戦争が始まったら正論は通らない』」(だから戦争の足音がするようになったら国民は体を張って止めなければならない)などである。

本の帯に「ジャーナリストの遺言」と大書したことに藤原作弥氏(元日銀副総裁、元時事通信解説委員長)など多くの方から「遺言とは、早過ぎるじゃないですか」とのお手紙を頂いたが、私は出版記念会で戦前と戦後の違いを具体的に指摘して、安倍政権が「いつか来た道」の日本に戻ろうとしていることへの強い危機感を訴えた。後日、出席者の何人もから「同じ思いです」とのメールをもらった。その懸念を若い世代に伝え、日本が戦後七〇年続けてきた「平和ブランド」や「言論・報道の自由」を失わないようにしなければならない。その決意を九〇人近い出席者に話す機会を与えてくれた小榑君ら発起人の友人たちに重ねて感謝の気持ちを伝えたい。「有難うございました。大事な友達の皆さん」。

❖宇治敏彦『政《まつりごと》の言葉から読み解く戦後70年——歴史から日本の未来が見える』新評論、二〇一五年
宇治敏彦『実写1955年体制』第一法規、二〇一三年
宇治敏彦『新中国への旅——革命社会の暮らしを訪ねて』平河出版社、一九七五年

28　一九三三（昭和八）年の教訓に学ぶ

［2015年8月1日］

先に拙著『政の言葉から読み解く戦後70年』の出版記念会があったとき、私はお礼の挨拶の中で「思想動向調査」という昭和期に発行された文部省思想局（当時）のマ

ル秘文書「思想調査資料」を参会者に示して「昭和八（一九三三）年について改めて研究すべきときではないか」と問題提起した。

まず、昭和八年とは、どんな年だったか、概略を列記してみよう。

一月一日　日本軍が山海関で中国軍と衝突。関東軍が出動して三日に山海関を占領。

一月一〇日　東京商大教授・大塚金之助検挙、一二日、河上肇検挙。

一月三〇日　ヒトラー、ドイツ首相に就任。三月五日の総選挙でナチス党が二八八議席の過半数（社民党は一二〇、共産党は八一議席）を獲得。

二月四日　長野県で教員などの一斉検挙始まる。四月までに六五校、一三八人検挙（長野県教員赤化事件）。

二月二〇日　閣議で国際連盟が日本軍の満州撤退対日勧告案（リットン報告）を採択した場合は連盟脱退を決定。作家・小林多喜二が検挙され、築地署で虐殺（三一歳）。

二月二三日　日満軍、熱河省へ侵攻。
二月二四日　国際連盟がリットン報告を四二対一で採択。松岡洋祐日本代表が抗議して退場。
三月三日　三陸地方に大地震・大津波。死者約三，〇〇〇人、流失倒壊家屋約七〇〇〇戸。
三月二七日　内田康哉外相が国際連盟脱退を通告。
四月一〇日　英国、日印通商条約破棄を通告。関東軍、華北へ侵入開始。
四月二二日　文部省、京都大学の滝川幸辰教授の「刑法読本」を共産主義的であるとして辞任要求。
五月二六日　休職発令。法学部長以下が抗議して辞表を提出（滝川事件）。
七月一日　京都大学、東京大学の学生らが滝川事件に関連して大学自由擁護連盟を結成。
六月　内務省が検閲制度の強化と出版警察の拡充をはかる。
八月九日　第一回関東防空大演習。同一一日、信濃毎日新聞の社説に桐生

悠々が「関東防空演習を嗤う」を執筆し問題化。

一〇月一四日　ドイツが国際連盟脱退を通告。

一一月二八日　野呂栄太郎、検挙さる。翌年、獄死。

一二月九日　陸軍・海軍が「軍部批判は軍民離間の行動で黙視できない」と共同声明。

一二月二三日　皇太子明仁（現天皇）誕生。

こうした略史を見ただけで、日本が「軍部独走」のもとに、いかに国民の「自由を拘束」し「言論の自由」を弾圧し、国際的にも「孤立」していったかが一目瞭然だ。

この昭和八年に私の父（宇治伸雄）は京都大学法学部に在学していた。当時、趣味で川柳をやっていた父は「三月は主義も引っ込む地獄かな」などと学生たちの苦しい立場を詠んでいる。父自身も翌年の卒業時期に就職先がなく、ようやく名古屋タイムズ（後に新愛知と合併して中部日本新聞、今日の中日新聞）に入って大阪支社勤務となった。その大阪で一九三七（昭和一二）年に生まれたのが私である。この年、一九三七年七月七日には盧溝橋で日中両軍が衝突し、日中戦争が始まった。その予兆は既に昭和八年にあったのだ。私たちは昭和八年という時代を「反面教師」として学び直すべきだろう。

❖宇治敏彦『政《まつりごと》の言葉から読み解く戦後70年——歴史から日本の未来が見える』新評論、二〇一五年

［2015年12月7日］

29　いい加減と良い加減

自分は結構いい加減なところがあって、着るものには無頓着だし、部屋の整理などは苦手である。しかし、そんな側面が「神経質にならない」「細かいことにこだわらない」という良い加減（好い加減）にも繋がっているのではないかと思う。たとえば

趣味の木版画づくりでも、彫り間違えた個所は、ペン画や水彩画と違ってやり直しが効かないので、そのまま生かしておく。やり直しができない人生に似ている。「心の師匠」でもある版画家・棟方志功が彫り違えた個所に拘ることなく、物凄いスピードでエネルギッシュに彫り進める映像を見たことがある。ミスを瞬時に「良い加減」で逆転させてしまったのである。

一二月一日、拙著『政《まつりごと》の言葉から読み解く戦後70年』（二〇一五）に関連して日本記者クラブで「戦後七〇年の政治　ジャーナリストから見た評価と課題」というテーマで講演・記者会見をした。司会の橋本五郎氏（読売新聞）から「安倍政権は過大に特殊な政権とみられているが、小泉政権、中曽根政権の方がもっと特殊ではなかったか。安倍政権でハト派はいなくなったと嘆くのはいかがなものか」との質問を受けた。

その瞬間、私の頭に去来したのは昭和三〇年代に取材していた内閣憲法調査会での論議のことであった。「神川彦松、大西邦敏といった憲法学者からは自衛隊違憲論など現実に合わない『いい加減』な憲法だから、早急に憲法を現実に合わせるべきだという改憲論が主張された。彼らはドイツ法的な考えで条文と現実が一致しなければ気がすまないとの考えだった。一方、高柳賢三会長などは英米法的考え方で、大事なのは実態であり運用であるとの考えだった。確かに自衛隊の存在と憲法九条（戦争放棄）の間には開きがあるが、それを克服して平和主義を貫くという国家運営をしてきたからこそ日本の平和主義が中国や韓国などに理解されて『良い加減』につながったのではないか」「もし六〇年安保の時に岸首相が要請した自衛隊の出動が防衛庁からハイハイと受け入れられていたら社会的混乱はさらに拡大していただろう。防衛費の国内総生産（ＧＮＰ）一％枠、非核三原則、国連平和維持活動（ＰＫＯ）協力法など歴代政権の政策が軍拡に抑制的に展開されてきたからこそ『良い加減』になった」「安倍政権も憲法学者やマスコミなどの批判があるからこそ『良い加減』にとどまっていられるのであり、もっとマスコミに感謝してもいいのではないか」などと答えた。このとき、最前列に座っていた浅野勝人氏（元官房副長官、ＮＨＫ出身）が一人盛大に拍手してくれたのには驚いたが、傍聴に来てくれた複数の学友たちの反応も小生の見解を支持してくれるものであった。私にとっては、まさに「良い加減」であった。

❖宇治敏彦『政《まつりごと》の言葉から読み解く戦後70年――歴史から日本の未来が見える』新評論、二〇一五年

30　政治家の資質とは何か？

［2016年2月14日］

政治家の劣化現象は加速するばかりで、「日本の政治は大丈夫か」と心配になる。北方領土問題で島尻安伊子《しまじりあいこ》沖縄・北方、科学技術相（五〇歳）は、事務局が用意した文書で「歯舞」が読めず、「はぼ？――何だっけ」。そばから秘書官が「ハボマイ諸島です」と囁く（二月九日の記者会見）。上智大を卒業し、沖縄市議や自民党女性局長、参院環境委員長などを歴任した政治家である。瞬間的な度忘れとしても、北方領土担当の責任者が「歯舞」を読めなくてどうする。

高市早苗総務相が同じ日の衆院予算委員会で「改憲に反対する内容を相当時間、放

映した場合、電波停止になる可能性があるか」（民主党の玉木雄一郎氏）との質問に「私の就任中はないだろうが、将来にわたって一切ないとは担保できない」と答弁し、電波停止命令の可能性に言及した。安倍晋三首相もかねて放送法第四条（政治的公平性確保などを規定）をたてに「法規に違反すれば法に則って対応するのは当然」と主張している。しかし憲法二一条では「一切の表現の自由は、これを保障する」と規定されている。古館伊知郎（テレビ朝日）、国谷裕子（NHK）、岸井成格（TBS）といったテレビ報道番組キャスターが二月一杯で降板する。いずれも政府・自民党から発言内容にプレッシャーをかけられた人たちである。政治とマスメディアは、お互いに緊張関係を維持しつつ切磋琢磨していくのが本来のあるべき姿で、「俺たちに反対したから」「俺の悪口を言ったから」といった理由で政治家がマスメディアに圧力をかけるべきではない。

妻の金子恵美衆院議員（自民）が出産のため入院中なのを利用して京都の自宅に女性タレントを泊めていた宮崎謙介・前衆院議員（自民党、三五歳）という男も「政治家」というより「人間」として失格だ。彼が議員時代に「妻の出産を機に男性の育児参加を推進したい」と国会議員の育児休暇という新たな問題提起をしたことは記憶に新しい。ヨーロッパでは議員も育児休暇は当たり前だが、日本では初のケースなので興味深い研究テーマと思ったが、提起した本人が何回も不倫を繰り返していた議員とあっては問題外だ。

さらに、この不倫を聞いた溝手顕正自民党参議院議員会長が二月一二日、記者団に「うらやましい」と感想をもらし、「冗談」と弁解したが、思わず男の本音が出たというところか。

これだけ取り上げただけでも「政治家の劣化」は目にあまる。まともな人間が政治家になりたがらない風潮が強まるだろう。落語家の桂文枝が三枝時代に自民党にかつがれて参院選に出ようと決意した時期があった。ところが家族、特にお嬢さんが猛反対で「政治家は悪いことをするからやめときや」と止めた。三枝は「お父ちゃんが悪いことをするように見えるか」と反論すると、彼女は「朱に交われば悪くなる」と言った。これで三枝は立候補を断念した。

先の甘利大臣辞任事件のように、談合を有利に進めるために金を積んで政治家に陳情する有権者の側も良くないが、政治家のほうも「賎業」とみられる傾向が続くかぎり、日本の政治に明るい光がさすとは思えない。筆者は「総理大臣には三〇ぐらいの要件が必要」と書いたことがある（『行政＆ＡＤＰ』二〇〇三年六月号）。列記してみる。「組織を動かす力」「説明責任と説得力」「反対されても実行する勇気」「高い人気」「先を読む洞察力、先見性」「注意力」「公平性を重視する姿勢」「着実な実行力、堅実さ」「誠実な対応」「話術の巧みさ」「ユーモア精神」「粘り強さ」「大きな声」「ハンサム・美貌」「人間的魅力・人柄」「機敏な判断力」「危機察知能力」「常に笑顔を絶やさない」「聞き上手」「物事処理のスピード」「物事処理の正確さ」「芸術、文化への理解」「部下を叱る」「バランス感覚」「健康、スタミナ」「発想力、企画力」「交渉能力」「前向きな姿勢と能力」「撤退する勇気」「失敗を恐れない心」。

これらは思想・信条を除外してもことだが、当時は小泉純一郎首相時代で「話術の巧みさ」「芸術・文化への理解」「高い人気」など一〇項目は合格点と思った。いまの安倍首相は「組織を動かす力」「高い人気」「ハンサム」など三項目では合格点だが、ほかは？マークがつく。小選挙区制の定着で「権力」「カネ」「人事権」などが官邸に集中し、総理大臣の力はますます強まっている。だが「良い政治」「素晴らしい政治」になっているかというと、そうは思えにない。駄目な政治家が増えていることも、安倍首相の「強がり独り芝居」を増長させる結果になっている。小学校のクラス委員長候補にはどんな仲間が適任だろう。国民全部が、そんな原点に帰らないと、素晴らしい政治家、素晴らしいリーダーは出てこないだろう。

版画万葉集・宇治美術館

1．巻10の1830

うちなびく春さり来れば小竹《しの》の末《うれ》に尾羽《おは》うち触れて鶯鳴くも

作者不詳。「霞たつ春がやってきた。鶯が尾羽根で若竹の葉を揺らしながら鳴いている」。作者の鋭い観察眼が光る一首。

2．巻15の3617

石《いわ》走る滝もとどろに鳴く蝉の声をし聞けば都し思ほゆ

天平時代に新羅へ派遣された役人、大石蓑麿《おおいしのみのまろ》の作。「岩を流れ落ちる滝も轟くほどに鳴く蝉の声を聞くと都がしのばれる」と歌っている。

3．巻8の1512

経《たて》もなく緯《ぬき》も定めず娘子《おとめ》らが織るもみち葉に霜な降りそね

天武天皇の三男、大津皇子の歌。「縦糸、横糸と定めるでもなく紅葉の模様を巧みに織っていく乙女たち。その紅葉を枯らさないよう、どうか霜よ、降りてこないでくれ」。大津皇子は和歌だけでなく、漢詩も得意だったようだ。

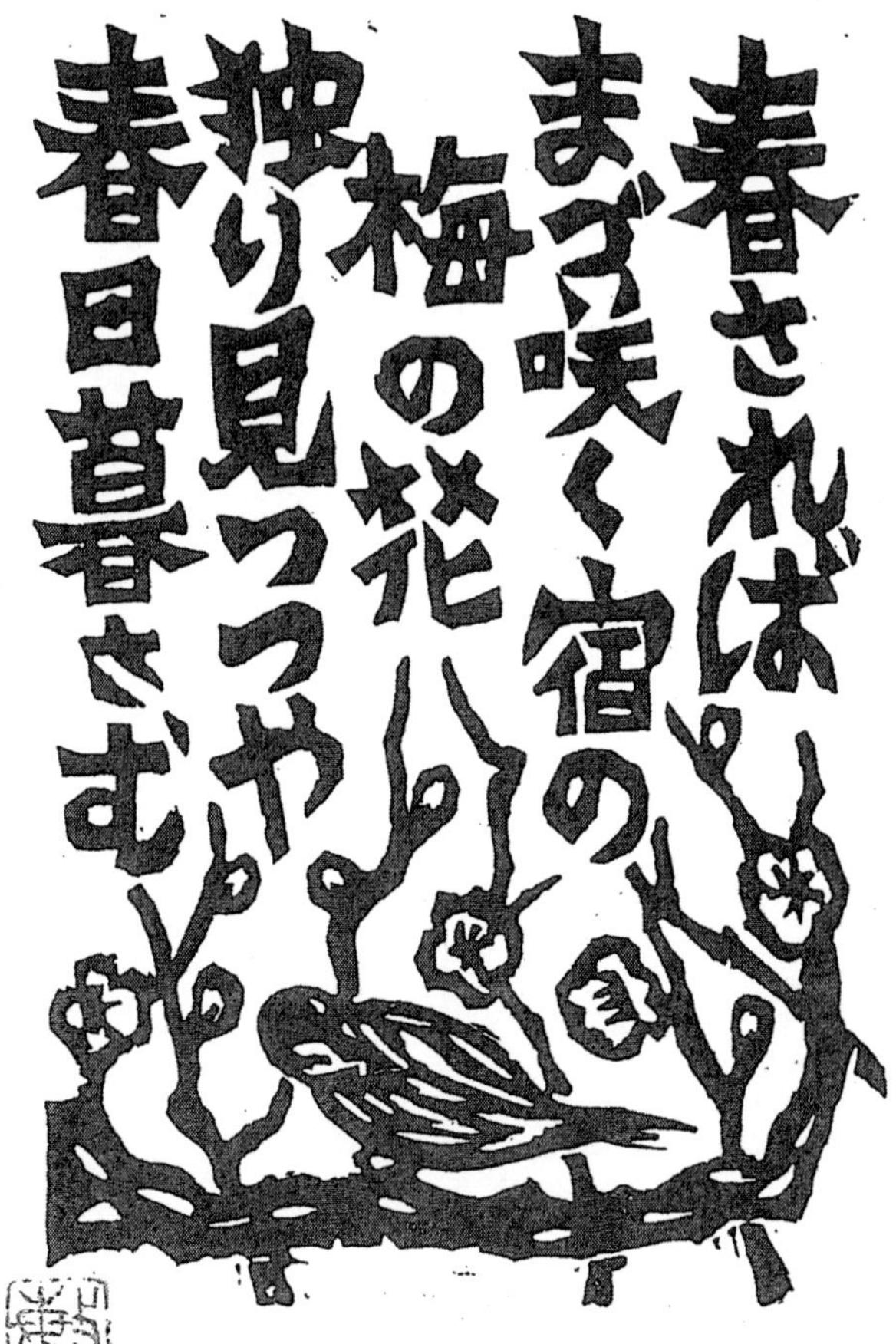

4．巻5の818

春されば　まづ咲く宿の梅の花　独り見つつや春日《はるひ》暮さむ

山上憶良の歌。「春になると、真っ先に咲くわが家の梅の花をどうして私一人で見て暮らすことができようか」。さあ皆ここへ集まって梅を見ながら和歌をつくり、酒と料理で花見を楽しもうではないか、と呼びかける憶良の声が聞こえてくる。

5．巻３の338

験《しるし》なき物を思はずは一坏《ひとつき》の濁れる酒を飲むべくあるらし

大伴旅人が酒を賛美して歌った十三首の一つ。「解決策がないことをくよくよ考えても仕方ない。一杯の濁り酒を飲んだ方がましだ」。酒好きだった旅人は、巻３の344の一首で酒をたしなまない人のことを「醜い猿に似ている」とこきおろしている。

６．巻10の1861

能登川の水底さへに照るまでに三笠の山は咲きにけるかも

奈良県の春日山を源流にする能登川の周辺は桜の名所だったようで「能登川の水の底まで輝くほどに三笠山には桜が咲いている」と歌っている。作者不詳。

7．巻1の64

葦辺《あしへ》行く鴨の羽がひに霜降りて寒き夕べは大和し思ほゆ

天智天皇の第七皇子、志貴皇子《しきのみこ》の作。「葦辺を泳ぐ鴨の背中に霜が降り、寒さが身に染みる夕方には大和のことが思われて仕方ない」と望郷の念を歌い上げている。

8．巻14の3367

百《もも》づ島　足柄小舟歩き多み目こそ離《か》るらめ心は思へど

作者不詳。「多くの島を巡る足柄小舟のように出かけることが多く、君に会いに行けない。心では思っているが」。足柄小舟とは足柄山の杉材で作った舟のことで、船足が速かったらしい。

9．巻19の4140

わが園の李《すもも》の花が庭に降る　はだれのいまだ残りたるかも

大伴家持の作。「我が家の庭にスモモの花が散ったのだろうか。それとも庭に降った雪がまだ残っているのだろうか」。白色を巧みに歌い込んだ和歌である。

10. 巻2の149

人はよし思ひ止むとも玉鬘《たまかずら》影に見えつつ忘らえぬかも

天智天皇が671年に死去した後に皇后の倭大后《やまとのおおきさき》が詠んだ歌。「世間の人が忘れても私だけはいつまでも面影を忘れない」とうたっている。

「戦うべきは権力だ、国だ」

——花森安治に教えられたこと

小榑雅章

1　花森さんとかけそば

［2010年3月8日］

外出しているときには、昼時にはほとんど蕎麦屋に入ります。蕎麦が大好きです。注文するのは、もりそばに決まっています。ざるそばは食べません。海苔の香りで蕎麦の味が消されてしまうからです。それに値段が高い。ばかばかしいです。

寒いときは、かけそばを食べます。このところ、三月というのに真冬のような寒さの日々が続いているので、もっぱら、かけそばです。

熱いかけそばを、ふうふういいながら食べるのがいいですね。

そんなとき、必ず花森さんのことを思い出して食べています。

私が蕎麦が好きなのも、かけそばを好んで食べるのも、みんな、花森さんの影響です。特にかけそばはそうです。

晩年の花森さんは、休日になると三輪自転車に乗って、都内のあちこちへ出かけていました。そして昼はたいてい蕎麦屋に入りました。蕎麦が好きでした。神戸の出身でしたが、高校が旧制松江高校でしたので、割子蕎麦のうまさを堪能したようでした。

それで花森さんは、一人で蕎麦屋に入ると何を食べるのかな、と思っていたら、あるときぼそっと「かけそばをたべるんだよ」と言いました。「へえー、天ぷらそばとか天ざるとかじゃないんですか」。

いまどきの若い人はあまり知らないかもしれませんが、昭和の時代には、花森さんは天下の有名人でした。テレビにはほとんど出たことのない人でしたが、新聞や雑誌には写真がしばしば登場していましたし、服装も特異でしたから、町を歩けば、多くの人が「あっ、花森さんだ」と分ったものです。

それだけに、蕎麦屋に入ったら、天ぷらそばなどの値段の高い種物を注文しないと沽券にかかわるとか、ケチと思われるのではないか、とつい見得を張りたくなるというのがふつうの人の感覚です。それなのに一番安いかけそば、とは「へえー」です。

そんな私の顔をみて、花森さんはこう言いました。

「蕎麦の味が一番分るんだよ。それに汁のうまいまずいがてきめんにわかる。まずい蕎麦を種物でごまかして食べてもまずいだけだよ。他人が何と思おうとかまわない。かけそばがいいよ、なにしろ一番安いからね」

なるほど。私はそれ以来、寒いときはもっぱらかけそばです。

2　ダイエーの中内功さんと靖国神社

［2010年4月22日］

「みんなで靖国神社に参拝する国会議員の会」が、今年も四月二二日朝、春の例大祭に合わせて衆参両院の五九議員が靖国神社を参拝したとニュースが報じていました。

宇治君が二〇日のこのブログに書いた〈「生き急いだ人」と「死に急いだ人」〉の中で触れたように、私は、靖国神社にけっして近づきません。

じつは、私の人生の中で、直接きわめて親しく仕えた方は二人いますが、その二人とも、靖国神社にはけっしてお参りをしませんでした。

その一人は、暮しの手帖社の花森安治さんであり、もう一人はダイエーの創業者の中内功さんです。

中内さんは、一九四五（昭和二〇）一月、フィリピン・ルソン島で米軍と八カ月に亘り戦いました。敵の手りゅう弾が至近で破裂して大腿部と腕に破片が突き刺さり、瀕死の重傷を負いました。一緒に風呂に入ったときに、「ここにまだ破片が入っているんだよ、レントゲンでみると分るよ」と言って笑って見せてくれましたが、その戦場は、敵と砲火を交えて戦うというより、餓えとマラリアとの闘いで、まさに生き地獄だった、と話していました。

独立混成第五八旅団重砲兵六一一人のうち、本土に帰還できたのはわずか一一八人、一〇人のうち八人は、帰れなかった。「なんとしても、生きて帰ろうな」と誓い合った戦友のほとんどが、帰れなかった……。このことを話す中内さんは、本当に悲痛な面持ちを隠しませんでした。

あれほど帰りたかったのに、帰れなかった戦友たちは、みなヤスクニにいる、おれは死なずに帰ってきておめおめと生きている、もしヤスクニに行ったら、帰れなかったみんなに顔向けができない、みんなから、なぜおまえは生きているんだと、どれほど責められるか分らない、だからおれはヤスクニには行かない、行くのがこわい、絶対に行かない……。

一九五七（昭和三二）年に大阪の千林ではじめた小さな薬屋を、日本一の大小売業に仕立て上げたこの一代の風雲児が、どれほどの痛恨をいだいてヤスクニを思い、戦後を生きてきたか、私は、中内さんを思い出すたびに、ヤスクニを思います。そして五年前に卒然とあの世に旅立って、今頃はやっとヤスクニの肩の荷を下ろして、楽になっているのではないかと思っています。

［2010年6月11日］

3　中野好夫さんと沖縄

菅内閣が発足した。大方の評判は良好のようだ。

だが、普天間の問題はどうするのだろう。鳩山さんの対応が拙劣だったと批判して、最低でも県外などといわなければ、すべてまるく納まったのに、という風潮が当然の如く語られているのをみると、暗澹たる思いだ。沖縄基地問題の本質をあまりにないがしろにしている。

こういう風潮を、もし中野好夫さんがいまおられたら、何と言われるだろうと、このところずっと思っている。

一九七〇年の春、『暮しの手帖』の編集会議で、国語辞書のテストはできないのか、というプランが出された。電気センタク機やラーメンのテストはたびたびやるが、辞書のようなもののテストはやったことがない。難しい。編集部はシーンとなった。「やってみよう」と花森さんが言った。そして私が担当になった。

でもどうするか、まったく手がかりがない。花森さんが言った。「中野好夫さんに相談して来い」。というわけで杉並区善福寺の中野先生のもとに通い始めた。

当時、中野さんはものすごく忙しかった。評論家としても英文学者としても多忙だったが、それよりなにより、中野好夫主宰の「沖縄資料センター」に力をそそいでいた。沖縄返還が取り沙汰され、その成り行きが大きく報道されている時期である。それが問題だということは分かるが、すこしはこちらの方にも時間を割いてもらいたい。なんでそんなに沖縄沖縄なのか。あるとき、中野さんに聞いてみた。

中野さんは、一瞬、こいつは何を言っているのかといぶかしげな顔になり、私の顔をじっとみて、「きみは沖縄のことをすこしでも知っているのか」と言って、部屋から出て行ってしまった。

如何に鈍感な私でも、自分が失態したことが分った。たしかに自分は沖縄のことは何も知らない。恥ずかしくてカーッとなった。

数年前の一九六五年に、中野さんは新崎盛暉さんと共著で『沖縄問題二十年』という岩波新書を出していた。あわててその本を読んだ。その本の前書きに、中野さんは書いている。

沖縄が置かれている実情について、もっとよく身近かに知らなければならない、そしてまた、われわれ自身の問題として考えなければならない、いわば義務をもっていると信じるからである。〔中略〕果してわたしたち「本土」は、沖縄に対して「母なる本土」であったろうか。「母なる本土」であるとすれば、重ね重ね、ずいぶんひどい仕打ちをくりかえした母親といわなければならぬ。〔中略〕

結論を先にいえば、わたしたちの立場は、あくまでも強く祖国復帰の運動を支持するということにつきる。祖国復帰という沖縄同胞の悲願と、施政権返還要求と、そして軍事基地撤去という三つの柱は、わたしたち、国際道義の前に大きく胸を張って十分主張しうる正義の道理だと信じている。〔以下略〕

一九七二年五月一五日に、施政権が返還され沖縄は祖国復帰した。しかし三つの柱のうちの軍事基地撤去は、三八年たったいまでも実現していない。

中野さんは、この後に、やはり岩波新書から、新崎盛暉さんと共著で『沖縄・70年前後』（一九七〇）、『沖縄戦後史』（一九七六）を出版されている。鳩山さんがこの本のどれかでも読んでいたら、「沖縄が置かれている実情について、もっとよく身近かに知らなければならない」という中野さんの意を体することができたのに。そして沖縄問題の本質を知ることができたのに。それを知れば、言葉だけの思いを振り回すだけではだめなこともわかっただろうに。

❖中野好夫、新崎盛暉『沖縄問題二十年』岩波書店、一九六五年
中野好夫、新崎盛暉『沖縄・70年前後』岩波書店、一九七〇年
中野好夫、新崎盛暉『沖縄戦後史』岩波書店、一九七六年

4 朝永振一郎さんと「ねこ」の話

［2010年7月5日］

中学校のときに、尊敬する人は、という問いには、いつも朝永振一郎と書いた。なぜかと問われると、答えにつまった。朝永振一郎という人が、何をしたのか、なぜえらいのか、ほとんど何も分らない。でも、湯川さんがノーベル賞をもらったのだから朝永さんももらってしかるべきだ、と新聞で読んで以来、そうだそうだと思い込

み、なぜか湯川さんより朝永さんびいきになった。

その朝永先生にお目にかかることになった。一九七〇（昭和四五）年の二月、『暮しの手帖』の原稿をお願いに武蔵境のお宅に伺った。その五年前にノーベル物理学賞を受賞されていて、当方はバンザイをさけび勝手に溜飲を下げていたのだが、目の前に憧れの先生が現れると、緊張してしどろもどろになった。花森さんからは、絶対に原稿のOKをもらってくるように厳命されていた。何をどう言ったのかまったく覚えていないが、朝永先生はやさしかった。ずっと黙ってわけのわからない口上を聞いてくれて、根負けしたように「わかりました。書きましょう」と引き受けてくださった。

その原稿が、『暮しの手帖』2世紀6号に掲載された「ねこ」である。この原稿をもらってすぐに読んだときに、これは困ったと思った。朝永家の飼い猫が隣家の猫とけんかをし双方怪我をしたりしていたが、両家の猫とも交通事故で死んでしまったというたわいも無い話である。「これが朝永振一郎の原稿かっ。原稿の頼み方が悪い」と花森さんに叱られる。困ったなと持ち帰って、恐る恐る原稿を差し出した。一読した花森さんはニコッと笑って「傑作だ」と言った。そしてさらに、「朝永さんの人間の味が実ににじみ出ている。これが天下のノーベル賞学者だ。いい原稿だね」。えっ、ほんとにこれでいいのですか、という声をのみこんだ。ノーベル賞とも物理学とも何の関係も無い〈たわいも無い〉猫の話ですよ、と思っていた私に、「朝永さんに連載したいから、毎号原稿をお願いしますと行って来い」と花森さんは言った。

それからがたいへんだった。

5　朝永振一郎先生の〈愛の手紙〉と花森さん

［2010年7月7日］

「ねこ」の原稿は、「いいよ」と書いてくださったのだから、連載をお願いしても、きっと引き受けてくださる、と勝手に思い込み、「ねこ」の掲載誌をもって訪ねた。ところが、やさしいはずの朝永先生は、「だめだよ、ぼくはもの書きではないから、連載なんて書けないよ」

それから先は押しても引いても全くだめ。あとは黙ってしまってとりつく島がない。こうなれば何回でも通ってお願いしつづけるしか方法はない。ひと月に一度のペースで、武蔵境詣が始まった。そしてとうとう書いていただけたのが一九七六年二月発行の『暮しの手帖』２世紀40号掲載の「蚊・蚤・蠅・われら」だった。お願いしはじめてからこれまで、約五年半。武蔵境詣は五〇回ぐらいにはなっていた。花森さんももちろん大喜びだったが、連載は、この号から四五号の「鳥獣戯画」まで、六回の連載で終わってしまった。

その「鳥獣戯画」の原稿を手渡ししてくださったときに、「もうこれで勘弁して」「そのかわり、これはどうかな」といって渡された分厚い原稿用紙を見ると、手紙を清書した文章だった。「家内が私に寄こした手紙だよ。〈愛の手紙〉」と、はにかむように笑われた。

「ありがとうございます」と受け取って帰り、花森さんに見せると、うーむ、と言って黙って私にもどした。「まだ返さなくていいよ、もう少し考えてみよう」。

それから約一年二カ月後の一九七八年一月一四日に花森さんは亡くなられた。

あの朝永先生の〈愛の手紙〉は、掲載せずに、まだ手元にあった。そして、さらに一年半後の一九七九年七月八日に朝永さんが亡くなられた。とうとう、〈愛の手紙〉は、朝永さんが生きておられる間に、掲載できなかった。毎年、七夕が近づくたびに朝永先生のことを思い出す。そして胸が痛む。「〈愛の手紙〉」とはにかむように笑われた朝永先生が、もういなくなってしまった。申し訳ない。ほんとうにすいません。

なくなられて約半年後の一九八〇年春の『暮しの手帖』65号に、「夫・朝永振一郎への手紙　朝永領子」という記事を掲載した。その冒頭のリード文だけでも、ここに挙げる。

戦後まもない昭和二十四年、主人は研究員として一年ほどアメリカへ渡りました。私は三人の子供と留守をしながら、日々の暮しの出来ごとを記して手紙として送りました。それは幸い、外国暮しのきらいな主人にはなによりの慰さめになったらしく、大事に保存し、いつの間にか、自分で清書して、活字にするのを夢みていたのです。

花森さんが「まだ返さなくていいよ、もう少し考えてみよう」と言った意味は、掲載の時期を考えよう、ということではないかと気がついた。それがいまだと思って掲載したのだった。

朝永先生には掲載誌を見ていただけなかったが、奥様の領子さんには、先生の思いを活字にして見ていただけましたよ。

この『暮しの手帖』65号のあとがき〈編集者の手帖〉に、この〈愛の手紙〉と朝永先生について、次のように記した。

朝永振一郎先生のお原稿をいただきたくて、それこそ何十回も押しかけて、さぞご迷惑なことだったたと思います。そんななかでのある日、暮しの手帖で電子レンジをテストしたすぐあとのことでした。

「こんどの電子レンジのテストはよくやりましたね、電子レンジは摩擦熱だから、あれは煮炊きにはむかないものです。だから、アメリカあたりではウォーマーといって、あたためるものとして売っているのに、日本の電気メーカーは、煮炊きできると言って売っているのはおかしいので、こんど暮しの手帖のテストで〈煮炊きにむかない〉ということがはっきりしてよかったですね、いいお仕事でした」

と、朝永先生に、このテストを評価していただいて、うれしかったことがありました。

それから、やっと六回分のお原稿をいただき、評判がよく、もっとつづけさせていただきたいとお願いしたのですが、奥さまが、「朝永は、あの原稿に十日も二十日もかかりました。朝、起きぬけに床の中で書いていると思うと、それを消ゴムで消してまた書き、ちょっと書いて、また夜中に書いて、とても気の毒。もう勘弁してあげて」とおっしゃいます。

そんなとき、先生がポツリとおっしゃったのが、奥さまの手紙だったのです。この手紙には先生はよほど愛着を感じていらっしゃったようで先生がご自身から〈愛の手紙〉と言っておられたくらいでした。

いまおもえば、このときすでに先生はご病気にかかっておられたのでした。このお手紙を、今回のせさせていただきました。

6 靖国神社になぜ行かなくなったのか

［２０１０年７月29日］

七月二五日の日曜日に、皇居北の丸の科学技術館で日本心理学会主催の公開シンポジウムがあるので、出かけていった。

九段下で地下鉄を下り、地上へ出ると、すぐ右手に靖国神社が見える。参道の大きな鳥居を眺めるのも、何年ぶり、いや何十年ぶりかだ。

かつて、年に何回もこの鳥居の下をくぐったものである。

私の父は、一九四三（昭和一八）年の秋に召集され、満州からフィリピンに転戦し、レイテで戦っていた。一九四五（昭和二〇）、戦争が終わって多くの復員兵が戻ってくるのに、父は帰ってこなかった。しばらくして戻ってきたのは、遺骨箱だった。

その箱を振ってみるとカラカラと音がした。開けてみると、陸軍伍長と階級が記され、その下に父の姓名が書かれた白木が一枚、ただそれだけが入っていた。遺骨も遺品もなかった。

なんだこれ、ただの箱じゃないかと思ったが、そのただの箱をかき抱くようにして、母は泣いていた。

それからの母は、小学生だった私たちこどもを連れて毎月のように靖国神社へお参りに出かけた。そして、お参りのたびに「お父さんはここにいるのですよ」と言った。私たちも素直に頭を下げた。父に会いに靖国に行くのは、きわめてあたり前の行事だった。その母が、ぴたっと靖国に行かなくなった。私たち子どものほうが、なぜ靖国神社に行かないのか、と催促したが、どうしても行くことはなかった。

そして私たちにも、もう行くことはない、あんなところには行くことはない、と強く参拝することをいさめた。

そして口ごもりながら、とつとつと語った。

お父さんは、伍長といっても終戦時特別昇級したおまけの伍長だから戦死したときは陸軍上等兵。一銭五厘の赤紙一枚で戦地に連れて行かれた一兵卒。そういうお父さんの一銭五厘の兵隊仲間の集まりに呼ばれて行ったときに、こんなことを聞かされた。

「兵隊は、本当に苦労をした。つらかったのは、兵隊だよ。われわれみんなにあんなつらい思いをさせた張本人の司令官たちが、靖国神社に祀られたよ。同じ部隊で生き残ったのは、せいぜい二割だが、敵の弾に当たって死んだんじゃない。殆どは飢えとマラリアだ。われわれを殺したのは敵じゃなくて、こんな戦争を始めた連中や無茶苦茶な突撃を指揮した将軍や将校たちではないのか。そんな連中が偉そうに祀られる靖国というのは、どう考えたっておかしくないか。聞けば、靖国では、大将は大将、中尉は中尉の階級がついて祀られるそうだ。上等兵はでも死んでも上等兵のままだ。靖国に行けばみんな神になる、みんな同じ神なら平等じゃないのかい。俺たち兵隊をあんな目にあわしたあの司令官が靖国でも上のほうでえらそうにしてるところなんて、行くところじゃない。死んだ後まであいつらにこきつかわれるなんて、戦地で死んだ連中たちは気の毒だよ」

母はそれを聞いて、もっともだと思ったと言う。お父さんを靖国から助け出してやりたいと思って、靖国神社に聞きに行ったそうだ。もちろんにべもなく「そんなことはできない」と言われた。

「恩給も階級でえらい違うんだよ。階級の上のほうほど戦争の責任は重いはずなのに、なんで悪いやつのほうが恩給をたくさんもらえるんだろうね。靖国も恩給も悪いやつの味方なのかね」

母の話を聞いて以来、私も靖国神社には行っていない。

7　全国戦没者追悼式と花森安治

［2010年8月23日］

また　あの日が　やってくる
あの日
大日本帝国が　ほろびた日
もっと正確にいうと
大日本帝国が　ほろびたはずの日

いまから　二十八年まえの
昭和二十年八月十五日
もういいかげんに忘れてしまいたいとおもう
あの日に生まれたこどもは　今年はもう二十八になっている
結婚している人も　多かろう
ひょっとしたら　こどもが何人もいるかもしれない
二十八という年月は　そんなにながかったのだ
ぼくらが　それを　ついこのあいだのように　鮮やかに　おぼえているだけのことだ
もう二十八年もまえの　八月十五日など　忘れたらいいのだ
あの日
ぼくらにとって　たしかなことは　戦争が終った　ということだけだった
これで　たぶん　死なないですんだ　ということだった
〔中略〕
ぼくらが　どんなに忘れたいとおもっても忘れられない　あの日が　またやってくる

ぼくらだけは　やっぱり　あの日を忘れてはいけなかったのだ
今年も　また　あのしらじらしい　〈全国戦没者追悼式〉が　挙行されることだろう
しかし　死んでいった　あの何百万という人たちに対して　その死のつぐないが
このザマだと　生き残ったぼくらが　はっきり言うのでなければ　ありきたりの
追悼の言葉など　なんにもなりはしないのだ
ぼくらに必要なのは　あんな紋切型の追悼式ではなくて　あの敗戦の日
大人だったぼくらひとりひとりの心の中の慰霊祭だ
ぼくらは　そのたったひとりの慰霊祭で　どんなにつらくても　苦しくても
痛烈なおもいをこめて　あなたがたの死によって　あがなわれたのが
こんな世の中だということを　そして　こんな世の中を作り上げたのは
ぼくらだ　ということを　その肺腑をえぐる挽歌《かなしうた》を
死んでいった何百万のひとのまえで　はっきりとうたわねばならないのだ

〔中略〕

また　あの日がやってくる

ぼくらよ
おまえの胸のなかに　いま惻々《そくそく》と
過ぎし二十八年の日日を
痛恨もて　うたい上げよ

花森安治

＊　＊　＊　＊　＊

昭和四八（一九七三）年、終戦から二八年目の八月、『暮しの手帖』2世紀25号の巻頭に、花森さんが掲載した「二十八年の日日を痛恨する歌」の一部です。

これは単行本の「一銭五厘の旗」には掲載されていないので、『暮しの手帖』でしか読めない記事ですが、じつはたいへん重要な記事です。

この記事について、述べたいことは多々ありますが、下手な解説よりもいずれ全文を掲載してお読みいただくのが最善だと思っています。

ここで申し上げたいのは、〈全国戦没者追悼式〉についてです。

ご存じのように、毎年八月一五日には武道館で全国戦没者追悼式が行なわれ、その模様が全国中継されます。暮しの手帖編集部も、毎年、中継のラジオを館内に流し、正午の時報にあわせてみんなが黙禱をしてきました。

昭和四八年の八月一五日も、正午に黙禱を始めました。そのとき花森さんが現れて、「やめろやめろ、こんな黙禱なんかやめろ」と怒鳴りました。

編集部のほとんどが「えっ、毎年やってるのに」という反応を示しました。

それをみて、花森さんは黙って自分の部屋に入ってしまいました。

戦後二八年の日本の生き様にたいする痛切な悔恨、生き残った大人たちの所業のやりきれなさ、あの終戦の日の八月一五日の思い、その痛烈な思いが、自分の編集部にも通じていなかったことを知り、花森さんは空しく、淋しくなったのだと思います。

私も、そのとき黙禱をしていて「えっ」と思った一人でした。

恥じ入るばかりです。

8　ISO26000と人権について

［2011年1月21日］

ここのところ、ずっと「人権」のことが頭の中にあります。

だから人権の文字を見るとつい気になります。

昨日一月二〇日の夕刊各紙は、米中首脳会談や晩さん会の模様を伝えると同時に人権問題にも触れています。

たとえば東京新聞（電子版）は、こういう記事を掲載しています。

……胡主席は「中国は人権で大きな進歩を遂げ、人権の普遍性も尊重しているが、中国は膨大な人口を抱えた途上国で、経済、社会的な困難に直面していることを考慮すべきだ」と理解を求めた。中国側は声明でも「いかなる国家の内政にも干渉すべきではない」と反論した。これに関連し、米政府当局者は一九日、オバマ大統領が胡主席に対し、ノーベル平和賞受賞者の中国民主活動家、劉暁波氏＝服役中＝の釈放を要求したと明らかにした。

胡主席は「人権の普遍性も尊重」しているが、「わが国情も理解してくれ」ということのようです。これは矛盾した話で、人権が普遍的権利だとしたら国情によって変わるはずがないですよね。でも、現実には、人権事情は国によってバラバラです。アフリカをはじめ途上国は、西欧的人権とは遠くかけ離れているのが現状です。

こんな分かりきったことをくどくどと記すのには理由があるのです。

二〇一〇年の一一月に国際標準化機構（ＩＳＯ）がＳＲ規格２６０００を発行しました。ＳＲは「Social Responsibility」の頭文字で、これは社会的責任の規格なのです。ＳＲというからなじみがないのですが、ＣＳＲ（Corporate Social Responsibility）つまり企業の社会的責任の規格といえば、企業関係者なら、ああそうかと納得される向きも多いのではないかと思います。

本来ならＣＳＲ規格として二〇〇一年から始められていたのですが、この規格化に反対してきた企業側が「社会的責任」は企業だけでなく、公共体も労働組合もNGOもみんな対象になるべきだ、という主張を押し通してCがはずれ、SR規格になったという由来があります。しかし中身はまったくCSR＝企業の社会的責任の規格です。そのISO26000の中核主題は七つありますが、その中心は人権です。企業行動に人権を守ることを求めているのです。

具体的例を一つ上げます。

企業というのは、利益を求めることが本性です。少しでも安く原料を仕入れ、少しでも安い労働力で加工し、少しでも高く多く売ることを目指しています。問題は、安い原料や安い労働力を求めると当然途上国での活動になり、そのプロセスで少なからず人権問題が発生することがあります。この場合、先進国から見たら人権が侵害されていると思っても、途上国では外貨もほしい、産業も育てたいので国策として工場をつくり安い労働を是認している場合が多々あります。企業も、それだからこそ安い産物が作れるので加工生産を委託しているのです。

その国が良し、としていることを他国の企業がだめ、ということができるのか。少なくとも企業側が人権を重視すれば当該国には圧力になり、賃金を上げたり労働環境をよくする努力をするだろうと、このSR規格ISO26000は考えています。

この規格は、法律でも条約でもないので、強制力はありません。また、企業側の強い反対で、第三者認証も必要ありません。企業はどう動くでしょうか。

これまで規格化は不可能といわれていたCSR＝企業の社会的責任の規格が、とうとう実現したのです。これを実効ある規格に仕上げていく運動が、これからはじまります。それは誰がやるのか。すくなくとも企業側ではないでしょう。誰がやるのか、その前提として、まず「人権」をどう考えるのか。それは日本人の考える人権とアメリカ人が考えるのと同じなのか。フランス人や中国人の考える人権はどうなのか。途上国はどうなのか。

人権と規格はなじむものなのか。人権って本当に普遍的権利なのか。

問題点は分かったが、そんなことあんたが考えてもどうなるもんでもなかろうに、あほではないか。まったくあほですね。このところ頭の中にずっと「人権」がありま す。

9　バレンタイン・デーのチョコレートはどこからくるのか

［2011年2月13日］

明日は二月一四日。バレンタイン・デー。たまたま今日デパートに行ったら、義理チョコをたくさん買い込んでいた若い女性がいた。明日が土日や祭日ならいいのだけどあいにく月曜日なので大変なのよ、と店員にこぼしている声が聞こえた。最近は女性から男性に送るだけではなく、女性同士送りあう友チョコも流行っているそうな。いずれにしても、バレンタイン・デー前後には、膨大なチョコレートが食べられることだろう。いや、もらっても食べないで机の中で眠っていたり捨てられたりするチョコレートも少なくないと聞く。

このチョコレートの原料はカカオだが、日本では産出しない。ではどこからくるのだろうか。日本のチョコレートの約七割がアフリカのガーナ産のカカオだそうだ。明日、あなたが手にする多くのチョコレートは、ガーナから来たということになる。

そのカカオを作る農園では、一四歳以下の子供たちが学校にも行けず、働かされているのである。調査によれば、ガーナを含む西アフリカ四カ国で、数十万人の子どもが働き、そのうちの六四％が一四歳以下であることが分かったという。

私たちが、バレンタインだとか義理チョコだとかとお祭り騒ぎをし、食べもしないで捨ててしまうかもしれないチョコレートが、実は多くの子供たちの労働によって得られたものだということを、どう思うだろう。

以前、何人かにこの話をして感想を聞いたことがある。

へえ、そうなの。それで、どうしろというの。

貧しいんだから仕方がないんじゃないの。

子供でも稼げるということは、役に立っているからいいことなんじゃないかな。

可愛想だと思うべきなのかな、実感がないけど。

それってチョコレートは食べるなってことなの……。

これらの感想は、いまの日本では当たり前の正直な実感だろう。飽食の日本では、過酷な児童労働の実感は伝わらない。

しかし、これはおかしい、子供が学校にも行けずに、一日中労働させられているなんておかしい、何とかすべきではないか、と考えた若者たちがいる。考えるだけなら、少なからずいるかもしれない。しかし、実際にアフリカに出かけて、具体的な解決策に奔走する人は、そんなに多くはない。

そういう若者たちに出会った。ＡＣＥというＮＧＯのメンバーたちだ。代表は岩附由香さん、事務局長は白木朋子さん。私が知り合ってからはまだ一年ほどしかたっていないが、このＡＣＥの活動は一九九七年から始まっているので、いまさら私が紹介するまでもなく、ご存じの方も少なくないだろう。

ＮＧＯもたくさんある。立派なのもあればしょぼくれているのもある。えてして夢みたいなことをお題目を掲げて自己満足しているところもある。そんな中で、このＡＣＥは本物だ。なにより感心するのは、自分たちの目的が明確で行動も具体的。困難をものともせず挑戦し確実に実績を積み重ねている。

たとえば「スマイル・ガーナ　プロジェクト」について、ＨＰをみてみると、ガーナのカカオ生産地で危険な労働にさらされている子どもたちを守り、教育を支援する「スマイル・ガーナ　プロジェクト」を二〇〇九年二月から始めました。ガーナ第二のカカオ生産地、アシャンティ州のアチュマンプニュア郡にあるクワベナ・アクワ村では、人口約六〇〇人、約八〇世帯がカカオの生産で生計を立てています。学校の教室が足りない、机やイス、教科書の不足など、学ぶ環境が整っていません。また、地域の農民は貧しく学用品が買えず、カカオ生産の繁忙期は子どもが休んで畑で働くなどの問題があります。

プロジェクトでは、住民による村で子どもが農園で働いていないか見回る活動や学校の校舎や設備の改善、子どもの学ぶ意欲を高める子どもクラブの活動などを通じて、新たに三七人の子どもが新たに学校に通えるようになりました。いま現地では、学校の壁を作ろうと地域の住民がお金を出し合い、力をあわせて子どものために協力しています（http://acejapan.org/uploads/photos0/752.pdf）。具体的には、ＡＣＥのホームページ（http://acejapan.org/）をごらんください。

日本は落ち込むばかりだ、閉塞感だ、八百長だ、政治と金は問題だなどという毎日ですが、こういう若者たちがいることを知ると、日本も希望がもてると思うのです。

10 なぜ「がんばれ」でなく「がんばろうや」なのか

［2011年4月1日］

私は、阪神大震災のとき、新神戸の駅の近くで被災しました。鉄筋のアパートの七階でしたが、家具が倒れてきて、すんでのところで頭を砕かれるところでした。神戸港の中突堤にある会社（FM放送局）もガタガタになりましたが、非常用電源で放送は続けていました。放送局は災害放送を発信する義務があり、被災したから中止します、などということはできません。放送を継続するために、社員たちは自宅が被災し、家族にけが人が出ていても、必死に歩いて出勤してきました。通勤はできませんので、みな泊りがけです。会社が同時に避難所です。家がこわれたので家族連れで来ている社員も何組かありました。夜はみんなコンクリートの床に直にごろ寝で眠りました。停電ですから、もちろん暖房もなく真冬の一月の寒さ、辛さを耐えました。

いま、東北の被災地のテレビをみるのがつらくなって消してしまうことが多いのです。辛さ、寒さ、ひもじさ、不安……それがみんな自分の体験に重なって、とても見ていられないのです。

テレビでは、「被災地のみなさん、がんばって下さい。私たちも一緒にがんばります」などという光景をよく見かけます。励ましのうるわしい光景です。

でも、正直に言えば、こういう言葉を聞くと、腹立たしくなるのです。言われなくてもがんばってるさ、これ以上どうがんばれというんだと怒鳴っていた、あの時の神戸の仲間の姿を思い出してしまうからです。善意の励ましになんということを言うのだ、と思われるでしょうが、心身ともにいっぱいいっぱいのときには、がんばれという励ましは、辛すぎるということもあるのです。

平安な東京や大阪などの被災地外の人たちから「がんばれ」といわれると、むかつくということもよく言われました。しかし被災者同士では、「お互いがんばりましょう」「がんばるしかしゃあない」と言いあったものです。

だから、阪神大震災の時の復興の合言葉は「がんばろうや　WE LOVE KOBE」でした。無関係の他者からの「がんばれ」ではなく、被災者同士お互い「がんばろうや」だったのです。

言葉というのは難しいものですね。

11 低レベルなら海に捨てても許されるのか

［2011年4月5日］

東京電力は四日、福島第一原発二号機タービン建屋にたまる高濃度の放射能汚染水の貯蔵先を確保するため、集中廃棄物処理施設内などで貯蔵中の低レベル汚染水を海に放出した。計約一万一五〇〇トンを約五日間かけて放出する。原子炉等規制法に基づく応急措置。

東電によると、放出汚染水は……ヨウ素一三一など計一七〇〇億ベクレルの放射性物質が含まれ、放射能濃度は国が定める濃度限度の約一〇〇～一〇〇倍という。

放出後に周辺海域の魚類や海草類を毎日食べ続けた場合、成人が受ける放射線量は年間約〇・六ミリシーベルト。一般人が浴びてもよい人工放射線の年間一ミリシーベルトや、自然界から受ける同二・四ミリシーベルトを下回るという（二〇一一・四・四時事 http://www.jiji.com/jc/c?g=soc&k=2011040400567）。

この報道を知ったとき、こんなことが許されるのか、と思った。

なにしろ、一方で高濃度の汚染水が漏れている非常事態だから、それを処理するためには、国が定める放射能濃度限度の約一〇〇〇〜一〇〇倍という低レベルの海中排水は仕方がないではないか、という論理である。

もっともらしい。だから、表立って大きな反対は起こっていない。

でも、これっておかしくないか。こんな無茶苦茶な事態になっているのに、「魚類や海草類を毎日食べ続けた場合、成人が受ける放射線量は年間約〇・六ミリシーベルト」だから安心だ、などというたわごとを、信じろというのだろうか。原爆以来、日本国民はどれほど放射能の被害を体験し、学習してきたとおもうのか。本当は心の中で、腹が立ち、不安で仕方がない。だから魚も野菜も、食べていいのか慎重にならざるを得ない。

それに、海は日本の所有物ではない。世界の海につながっている。汚染は薄まっても他国の海を汚染する。日本の恥ではないのか。

しかも、これほどの非常手段をしたら、確実に高濃度の汚染水は停められるという保証は何もない。

そもそも、三週間前の三月一二日以来、政府や東電は、大したことはない、念のための処置で、問題化しないように万全の対応をしている、すぐに収まるから冷静に、と国民に大本営発表を押しつけ続けてきたではないか。

その後の経緯を観れば、枝野大本営発表は、すべて外れて事態は一向に好転せず、それどころか悪化の一途。戦線は拡大し、連戦連敗にも関わらず、敗退を転戦と言い換え、わが方の損害は軽微なり、と言い続けてきた日中戦争、太平洋戦争の発表と同じだとしか思えない。

不安をあおることはよくない、という配慮かどうか知らないが、新聞やテレビはきわめて抑制的に（翼賛的に）原発事故を扱っている。しかしそれが国民の心をかえって不安にしていることを知るべきだ。国民にはお見通し、わかっているのである。

永井荷風は、太平洋戦争の始まる年の一九四一（昭和一六）年一月二八日の『断腸亭日乗』に次のように記述している。

支那は思うように行かぬゆえ、今度は馬来人を征服せむとする心ならんか。彼方をあらし、此方をかじり、台処中あらし回る老鼠の悪戯にも似たらずや。

本当に、この政府や東電に任せておいて大丈夫なのか。

12　戦犯の原子力安全委員会が原発見直し作業をする資格はない

［2011年6月22日］

今日六月二二日の午後、原子力安全委員会が開かれ、原発の安全を守るための「安全指針」について見直す作業を始めた。会議には、原子力や放射線、それに法律などの専門家一八人が集まり、初めに班目春樹委員長が「今回のような過酷な事故への対策は、国際的に見ても足りない部分があった。抜本的に見直すには十分な議論が必要だ」と述べたという（http://www3.nhk.or.jp/news/html/20110622/t10013697861000.html）。

これって、どこかおかしくないか。とても違和感がある。

三月二四日のこのブログにも書いたが、班目委員長は浜岡原発の裁判で、「非常用ディーゼルが二台とも動かない場合に大変なことになるのではないか」という質問に「そのような事態は想定しない。そのような事態を想定したのでは原発はつくれない。だから、割り切らなければ設計なんてできませんね」と答えたという人物である。

班目委員長だけでなく、この原子力安全委員会は、津波被害を想定せず、すべての電源が喪失するような事態は起こるはずがないから考えなくていい、としてきたメンバーの集まりである。つまり、今回の原子力発電所事故の元凶であり戦犯ともいうべき委員会だ。

その戦犯は責任を負って委員会を辞任し、福島県民や日本国民に謝罪するのが筋である。ところがその戦犯が、犯した戦争の見直し作業を行う、というのはどう考えてもおかしい。どうしてマスコミは「いまの原子力安全委員会には見直し作業をする資格がない」と言わないのだろうか。

もう一つおかしいことがある。

海江田経済産業相は一八日、各原発への立ち入り検査などを実施した結果、「水素爆発などへの措置は適切に実施されている」と安全対策を評価し、「これにより、運転停止中の原発についても再稼働は可能」との見解を示した。そして海江田経産相は原発運転再稼働の要請のため、立地自治体を訪問するという（http://mainichi.jp/select/jiken/news/20110618k0000e040041000c.html）。

これもおかしな話だ。海江田経産相は、自ら原発に足を運んで安全を確かめたというが、安全やリスクの専門家でもないど素人の政治家が、どうして安全だと確認できたのか。そんなことができるはずがないことは、国民みんながわかってしまっている。

いやちがう。原子力安全保安院も安全を確認した、という。これも茶番だ。経産省の管轄下にあり、原発推進の旗振り役の原子力安全保安院は、事故発生後その独立性が問われて、いずれ経産省傘下から独立した別組織になるはずの組織である。その組織が何をもって安全対策を点検し評価できるというのか。これもまた戦犯が戦争犯罪を裁くという奇妙さというか、盗人猛々しいというべきか、あってはならないことだ。

こういう国民のまともな神経を逆なでするような事態が次々に起こってくるというのは、国民にとってこの上ない不幸の時代である。

13 中内功と松下幸之助

［2011年8月2日］

今日八月二日は、中内功さんの誕生日です。

秘書時代、朝、顔を合わせたときに「おめでとうございます」とあいさつしたら、じろっとにらまれて、「君に関係ないだろ、そんなことより仕事をしろ」と叱られたことを思い出します。

松下幸之助さんの葬儀のことも、忘れられない思い出です。

ご存知の方も多いことですが、ダイエーが大きくなっていく過程で、松下電器との抗争は重要なエポックでした。ダイエーの社是は「よい品をどんどん安く、より豊かな社会を」でしたから、メーカー品を少しでも安く売ることを目指していました。ブランド価値の高い松下のナショナル製品の値引きは、恰好の戦略でした。しかし、松下側にしてみたら、こんな困ることはありません。定価を守って商売をしている松下傘下のナショナル電器店の商品が売れなくなり、ダイエーをなんとかしてくれという苦情が全国から上がってきて抑えきれなくなってきました。

そこで松下電器は、ダイエーへ商品を供給するのをとめるために、製品に目では見えない記号をつけて出荷しました。ダイエーで松下商品を購入し、この記号を調べれば、どこへ卸したかすぐに判明するのです。これは定価販売を強要する明確な独禁法違反です。それを国会で追及されて、松下はしぶしぶ認めました。

経営の神様の松下幸之助さんは無念やるかたなかったでしょう。

ある日、中内は、幸之助さんに京都にある別邸の真々庵の茶室に呼ばれて、「そろそろ覇道をやめて王道を歩んだらどうだ。その方がお互いのためだ」と言われたそうです。そのとき、中内は思ったと言います。「松下幸之助さんの王道とは、安い商品を欲しがっている国民のことは思っていないのだな」そして、「そうですか」とだけ答えて出てきたそうです。

一九八九年四月三〇日、松下幸之助さんの葬儀は、大阪の北御堂で行われました。私も中内と二人で一緒にいきました。

松下にとっていわば敵役だったので、無論招待はされていません。中内は一般参拝者の長い行列に並ぶと言いはりました。私はいくらなんでもと思い、中内を車に残して大急ぎで葬儀場に行き、谷井社長に中内の席を作ってほしいと頼みました。谷井社長は、中内さんが来て下さる、といって喜ばれました。

葬儀が終わって、中内が出てきた途端にマスコミに囲まれました。そのとき、「大先輩に敬意を表します」とでも言えばいいものを、「松下幸之助さんが亡くなって、やっと一つの時代が終わった」というようなことを言いました。それがテレビのニュースにでて「中内は喜んでいる」みたいにとられてしまいました。もちろん本人にはその気持ちはなかったのですが、君がついていながらあんなことを言わせて、お前が悪い、と周りからずいぶん叱られました。

もう四半世紀も昔のことです。

中内ダイエーは事実上消滅し、松下電器もナショナルもパナソニックと様変わり、松下の名前もなくなりました。「なにはのことはゆめのまたゆめ」ですね。

14　日本航空123便御巣鷹山に墜落、そして坂本九さん

［2011年8月11日］

一九八五年八月一二日、日本航空123便が群馬県御巣鷹山に墜落。乗員乗客五二四名のうち五二〇名の方が亡くなりました。

航空事故の歴史の中でも、最大の悲惨な事故でしたが、私にとっても痛切な思いの事故でした。坂本九さんが搭乗していたのです。

一九六九（昭和四四）年七月一日発行の『暮しの手帖』2世紀1号から始まった

「雑記帳」という頁は、著名人の依頼原稿やジャーナリスト、一般読者の投稿原稿など、八〇〇字以内の小文が、ごちゃまぜに並んでいるそれこそ「雑記帳」のような頁でした。この2世紀1号には丹羽文雄さんや平林たい子さん、松前重義さん、鶴見俊輔さん、林健太郎さんなどの原稿も掲載されましたが、編集長の花森さんがそのトップに選んだのが、坂本九さんの原稿「母の思い出」でした。

油っ気のなくなったおふくろの手に僕はよく、自分の鼻の頭の油をこすりつけました。前からおふくろは、僕がハンドクリームとかそんなものを買って帰っても絶対につけたりしないで、僕の鼻の頭の油をとって、『これが、私には一番だョ』っていってこすりつけてきました。

今でも、おふくろの手の筋、しみ、皺、ほくろを憶えています。本当に汚くて、美しい手でした。

三年ほど前に亡くなったお母さんを思う気持ちがあふれた、とつとつとしたとてもいい原稿でした。花森さんは、担当の私に言いました。「九ちゃんには毎号書いてもらおうや」。

当時、一九六一年に大ヒットした「上を向いて歩こう」は国民的愛唱歌になっていて、坂本九さんはＮＨＫの紅白歌合戦にも毎年出場していました。映画にもいくつも主演し、まさに国民的アイドルとなって、超多忙でした。

芸能誌ならまだしも、まったく畑違いの『暮しの手帖』に、しかも目次には「雑記帳」と載るだけで、個別の執筆者の名前は載らないような頁に、毎号書いてもらえるだろうか。おそるおそる切り出した私に、九ちゃんは、あのニコニコっとした笑顔で、「いいのかなあ、僕、文章へたですよ。それでよければ書きます。『暮しの手帖』ってとてもいい雑誌だって、みんな言ってますよ」。

というわけで、これから三年間、毎号、九ちゃんの原稿をもらいに通うことになりました。

じつは、この三年間は、九ちゃんにとって特別な三年間でした。

まず、仕事の悩みでした。誰が見ても、順風満帆のようにみえる坂本九でしたが、じつは本当に悩んでいたのでした。私は、自分だけで抱えていないで、思い切ってその悩みを吐き出すべきだ、原稿に書いてほしいと言いました。

その原稿が『暮しの手帖』２世紀６号に掲載された「宣言」という文章です。

芸能界の道を歩いて十二年、その十二年目に、恥しいんですが初めて、アレ、この道は本当に自分の道かな、他の人の通る道じゃないのかな、芸能界に憧れだけで入ったけれどそのまま高速道路の渋滞中みたいに、戻ることも降りることも出来ずに、ズルズル進んで来てしまってどうすることも出来ない。〔中略〕口惜しい！　僕にも足がある、今からでも遅くない、この渋滞中の高速道路なんか飛び降りて、もう一度自分の道をみつけて、思い切り手をふり歩いてみたい、胸を張り、何も干渉されず、のびのびと……ところが坂本九という男は、自分で自動車のガラスを破り、外に出るほど、勇気が無い、全く、みっともなくて仕様がない、と、昨日迄は思ってました。

ところが勇気が湧いて来たんです。〔中略〕『ヨーシ！　男だ、やるぞォー』と、大声で叫んで、この道こそ俺の道だ、俺が思い切り手をふって歩ける道だ！　という道を、もう一度探す勇気が湧いて来たんです、もし僕が、自分の道ではないと思ったら、僕は芸能界を去ります。／自分で飛び降りて、坂本九の本当の歩むべき道を発見するんです。進むんです。

この悩みの裏には、男として一人の女性を幸せにできるか、その資格があるのか、という自省がありました。恋をしていたのです。一年後の11号には恋をしていることを明言し、14号で柏木由紀子さんと婚約したことを報告しました。そして一九七一年の暮れに結婚した披露宴のことを16号で書いています。この披露宴には、私は締切に追われてどうしてもいけなかったのです（残念）。

全く幸せな坂本九でした。九ちゃんの文章にはてらいがありません。うれしい時にはうれしいと、恋しているときはウキウキとつづっています。

私は四つ年下のこの青年が大好きでした。

御巣鷹山の知らせは、実の弟を亡くしたような衝撃でした。二六年後のいまもまた、八月一二日は胸の痛む一日です。

15　地震から家族を守るためにはどうするか

［２０１１年９月１日］

今日は九月一日、防災の日です。

各地で、防災訓練が実施されているようです。全国の三五都道府県では、住民など五〇万人もの人が参加して防災訓練が行われているとのことです。

テレビを見ていると、乗客が駅構内で整列してカバンなどで頭をかばう姿勢で、駅員の誘導のもとに駅舎から出ていく光景が映し出されていました。ここに映し出された人々も、訓練に動員された五〇万人のうちの人々なのでしょう。

こういう光景を見ていて、なぜかイライラしてしまいます。訓練はやらないよりやった方がよいのでしょうが、なんとも白々しいのです。

だいたい、防災訓練は企業でも役所でも、駅やスーパーでも、いつも平日の日中なのですが、どうしてなのでしょうか。係員も全員そろっていて指令系統もちゃんと機能するような平日の昼日中に訓練が行われています。不思議ですよね。実際に地震が起こるのは日曜日かもしれない、真夜中かもしれない、晩の八時かもしれない。そういう時は誰も旗を持って誘導などしてくれないし、掛け声もかけてくれない。会社も自治体も助けてくれない。情報も何も教えてはくれない。まずは、自分自身のちからで対処しなければなりません。

阪神大震災が起こったのは、一九九五年一月一七日の午前五時四六分五二秒でした。つまり、ほとんどの人が、まだ家にいて、その多くの人は就寝中だったのです。

これまでも何回かこのブログでも書きましたが、筆者は、阪神大震災の被災者です。家も会社もめちゃくちゃになりました。その経験もあって、東日本大震災のことは他人事ではありません。東北の被災地をぜひ見たい、被災者の生の声を聞きたい、と思い、宮城や福島に行ってきました。数多く報道されているように、それは悲惨な状況でした。被災者のみなさんのご苦労は、大変なものだと思います。

ただ明確に言えることは、東北と神戸の災害は、同じ地震災害と言われますが、様相がはっきり違うということです。

原発の災害は除外して、東北の災害は主に津波の被害です。二万人を越えるほど多数の亡くなられた方や行方不明の方のほとんどは、津波被害によるもので、直接、地震によって亡くなられた方は、百名から多くて数百名ではないか、と聞きました。

東京の場合、津波のこともさることながら、まずは都市直下型の地震を考えるべきだとされています。

阪神大震災の場合は、都市直下型の地震で津波の被害はありませんでしたので、亡くなられた方六四三二名はすべて地震による被害です。しかも、時間が午前六時前でしたので、就寝中の人が多く、このうちの五〇〇〇名までが、倒壊した家屋による圧死と考えられ、さらに約六〇〇名は転倒した家具などによる圧死、傷害死だとされています。つまり死者のうちの九割近くが家や家具などによる圧死でした。

古い木造家屋の被害が、最も多かったのですが、ビルもずいぶん被害がありました。四階とか五階の中途の階がくしゃんとつぶれてしまっているビルがいくつもありました。

自治省消防庁の資料によると、全壊一〇四九〇六棟（一八六一七五世帯）、半壊一四四二七四棟（二七四一八一世帯）、全半壊合計二四九一七八棟（約四六万世帯）、一部損壊三九〇五〇六棟、合計六三九六八六棟になります。この数字は神戸市を中心にして、その周辺の芦屋市や明石市、西宮市、尼崎市、洲本市なども含みますが、参考までに神戸市の世帯数は約六八万世帯。ということは上記の被害の数は、神戸市全世帯のほとんどすべてに損壊の被害をもたらしたと同程度だったことを表しています。

防災の日に、地震から生き残るためには、家族を守るためにはどうするか、を真剣に考えるなら、会社で働いているときとか、昼間起きている時ではなくて、夜中だったらどうするか、早朝だったらどうしたらいいか、家の倒壊は大丈夫か、家具は倒れて下敷きにならないか、ということもぜひ考えておいてください。

なにしろ生活の半分以上は自宅なのですから。

16　阿久悠記念館と『無冠の父』

［2011年10月31日］

阿久悠さんが亡くなったのは、二〇〇七年八月一日だった。

それから四年余がすぎて、先日一〇月二八日の午後、東京駿河台の明治大学に阿久悠記念館が開館した。かねてより、この日に開館されるということを知らされていたのと、同じこの日の夜、明大のホールで阿久悠歌謡祭が開催されるので、久しぶりに阿久さんに会えるような気分になって、少しウキウキしながら出かけて行った。

阿久さんとは、以前から知り合いであった。

一九九〇年に、兵庫エフエムラジオ放送というFM放送局が開設されるにあたって、株主の中から、この放送会社の会長には兵庫県淡路島出身の有名文化人の阿久悠さんに就任してもらいたい、という意向が寄せられた。株主は、兵庫県や神戸市などの自治体や新聞社、地元の有力企業などで、ダイエーも出資企業の一つだった。当時、私はダイエーの秘書室長だったが、中内社長に命じられて、阿久さんに会長就任のお願いに行かされた。

阿久さんは、私の話を聞いて、「うーむ、兵庫県民の代表として会長になってくれといわれても、僕は兵庫県民という意識はあまりないんだよ、淡路島で生まれたのはたしかだけど、故郷という感じではないんだよね」。

阿久さんは、あまり乗り気ではないような口ぶりだったが、それでも、「会長って何するの？　何もしなくていいのなら、引き受けてもいいよ」と承知してくれた。

何年か後で、「放送会社の会長になれば、黒塗りの車で最敬礼でお出迎えされ、ゴルフでもさせてくれるのかと思ったけどね……」と笑っていたが、現実は厳しく、バブルのはじけた一九九〇年の開業は、最初から大赤字。派手な設備投資も重荷になり、あっという間に債務超過の四苦八苦。黒塗りの車もゴルフも、一度として実現しないどころか、一銭の報酬もなく、阿久さんは、たびたびの取締役会や株主総会に呼び出されていた。

三年後の一九九三年に、何の因果か、この放送局の立て直しに行って来い、と送り込まれることになった。阿久さんは、「僕を会長にしたんだから、君の責任は大きいぞ」と笑ってから、真顔で「待ってたんだよ」とボソッと言った。

阿久さんには、本当に申し訳ないと思っていた。それから死に物狂いで働いた。荒療治も行なった。その都度、阿久さんに報告すると「少しは会社らしくなってきたね」「ご苦労さんだね」などと、かならず声をかけてくれた。

阿久悠記念館には、五回も受賞したレコード大賞の盾やトロフィーや「また逢う日まで」などの歌詞、年表、五〇〇〇曲に及ぶという曲名などの展示と、伊豆宇佐美にあった自宅の書斎をそっくり再現した部屋が常設されている。昭和の大作詞家、たぐいまれなヒットメーカー、そして、瀬戸内少年野球団などの小説家……華々しい活躍の成果が展示されている。

その中の一角に、一〇月一三日に岩波書店から出版されたばかりの『無冠の父』とその直筆の原稿が置かれている。

じつは、この本は出版されてすぐに読んでいた。

この本の末尾に、次のような注記がある。

『無冠の父』は、阿久悠の手になる長編小説のなかで唯一の未発表作品である。一九九三（平成五）年の九月から一一月にかけて執筆され、完成稿が編集者に渡されたが、改稿を求めた編集者に対して阿久悠は原稿を戻させ、以後、二〇〇七年八月に没するまでこの作品についていっさい語ることはなかった。

「改稿を求めた編集者に対して阿久悠は原稿を戻させ……」とはどういうことなのだろう。編集者はどこを改めてほしいと言ったのだろうか。阿久さんは、腹を立てたのだろうか、どうして出版しなかったのだろうか。

本を読みながら、いろいろな思いが湧き上がってきた。しかしそれはそれとして、阿久さんと同じ年に生まれ、同じ戦中戦後の体験をしてきた自分としては、どうしても阿久さんの思いに自分を重ねあわせてしまう。

淡路島の駐在所の巡査として、終生一介の巡査として過ごした無冠の父の生きざまを、少年のまなざしを通して語っている。父親とは何か、親子の絆とは何か、人間の矜持とは何か、故郷とは何か……。

阿久さんが、会長就任を依頼に行った私に「僕は兵庫県民という意識はあまりないんだよ、淡路島で生まれたのはたしかだけど、故郷という感じではないんだよね」と何故語ったのか、故郷とはなにか、その答えが、この本にあった。

❖阿久悠『無冠の父』岩波書店、二〇一一年

17 ソフトバンク孫正義社長とダイエー中内功社長 ［2011年12月21日］

経団連が先月一一月一一日に「エネルギー政策に関する第2次提言」をとりまとめた。原発の早期再稼働を要望し、再生可能エネルギー計画は慎重に定めるべきだとする内容で、会長・副会長会議では事前に了承されていた。定例理事会では異議なしで追認するはずだったが、ソフトバンクの孫正義社長が立ち上がって、「原子力発電所

の早期再稼働について、安全・安心の検証がなされていないうちに再稼働を求めるのは遺憾」と発言した。

議長の米倉弘昌経団連会長は「提言は担当委員会で十分に議論した」と反論。原発再稼働については「安全性の確認が大前提と提言にも書いてある」と説明した。

理事会には約三〇〇人が出席していたが、他の誰からも異論は出ず、提言は承認された。

経団連の米倉会長は一〇日後の二一日の記者会見でも、この孫社長の発言に触れ、「ああいう強行な、それもちゃんとした理屈ではなく単に反対だ反対だと。困った発言だなと思った」と重ねて苦言を呈した。

このやりとりをみて、思い出すことがある。

一九八〇年六月、稲山嘉寛経団連会長（当時）が記者会見で「いま増えているのはスーパーなんかの第三次産業ばかり。これらの投資は消費を奪い合うための過剰投資であって国全体の利益にならない」と発言した。

これを知ったダイエーの中内功社長は、記者会見を開いて「スーパーみたいな第三次産業とはけしからん。時代の変化についていけない人が、経団連のトップにすわっているのは、まことに残念」と反論した。

失礼ながら、いまの日本経団連とはちがって、三〇年前の経団連会長は、財界総理と称されて絶対的存在だった。稲山さんは鉄は国家なりの新日本製鐵の会長でもあった。新興のスーパーごときは、すぐにスーと消えるような存在だと軽んじていたのである。

中内社長は、切歯扼腕、本当に悔しい思いをした。そして堂々と反論をした。これに対して、当時の新聞も世論も、中内さんはなかなかやるではないか、と好意的な雰囲気だった。スーパーは我々の生活に役に立っている産業だ、経団連の方がおかしい、という意見もあった。

さて、孫社長の発言である。誠に正論であり、よくぞ言ってくれたと思う。それに対し、三〇〇人も出席していた大会社の社長連中が、ただ一人として誰も同調しなかったというのは、どういうことなのだろう。

東電の原子力発電事故の原因さえいまだ明らかでなく、どれほどの被害・苦痛を国民に与えているかを考えれば、原発の早期再稼働など言いだせるはずがない。きっと多くの社長連中が、心の中では、孫社長の言う意見に賛同していただろう。筆者も何回も出席していたので分かっているが、理事会はすべての議案が異議なしで終わるのが通例である。だからあの雰囲気では手をあげられないな、というのはよくわからないでもない。孫社長への評価もいろいろあることも承知している。しかし、ことは重大である。大勢の空気に順応するだけでは、グローバルの企業活動はできないのは常識だ。どんな会議でも、異をとなえることの重要性は、企業経営者ならみな知っている。にもかかわらず、日本の大企業の社長会長が集る経団連理事会で、原発再開に全員が唯々諾々としたがったというのでは、日本企業の先行きは暗い。

18　不当表示の民主党は営業停止、商品回収すべき

［2012年5月5日］

去年の秋のことですが、「リーボックが一九億円支払い　運動靴性能で不当表示」という新聞記事があったことを、覚えておいででしょうか。

去年九月二九日の共同通信の記事は次のような文面でした。

「米連邦取引委員会（ＦＴＣ）は二八日、スポーツ用品大手のリーボック・インターナショナルが、同社製の運動靴を『履いて歩くだけで通常以上の運動効果がある』などと宣伝していることが不当表示に当たると指摘し、リーボックが二五〇〇万ドル（約一九億円）を支払うことで合意したと発表した。

問題とした運動靴は、「イージートーン」や「ラントーン」の商品名で販売。靴底を膨らませて不安定感を出すことで、歩いた時に脚やお尻の筋肉が引き締まる効果があると宣伝しており、日本でも人気が高い」。

運動靴も「よく走れる」とか「洒落てる」などというセールスポイントとは違った全く新しい美容の機能性を謳った製品だったので、強く印象に残った運動靴でした。ところが、その運動靴が「不当表示」だとして一九億円も違反金？　を支払ったということに、えらいことだ、ウソをついてはいけないな、とてつもなく高いツケを払うことになる、と思いました。

これはアメリカのことですが、不当表示がいけないのは、日本でも同じで、当然だめです。

製造年月日を偽ったり、外国産の牛肉を松坂牛と表示して売ったら、これは間違いなく犯罪です。包装に「純粋はちみつ」と書いてあるのに調べたら水あめが混ぜてあったり、栗羊羹と書いてあるのに、栗が全く入っていなかったら、これも大ウソつきとして不当景品類及び不当表示防止法で処罰されます。

不当表示とか優良誤認表示、有利誤認表示とか法律上はいろいろ言われますが、要するに、ウソをついて売りつけたり買わせたりしたら、法律違反で発売停止とか商品回収とか、罰金とかの罪に問われるのだ、ということは、小学生でもみーんな知っていることです。

ところで、二〇〇九（平成二一）年八月三〇日に衆議院議員総選挙が行われ、民主党が大勝利、自民党麻生内閣にかわって、鳩山政権が誕生しました。

民主党がなぜ勝利したのか。自民党にうんざりしていたとか、麻生さんが失言をしたとか、自民党のネガティブキャンペーンが失敗だったとか、いろいろ理由はあるでしょう。

しかし、最も大きな理由は、民主党の掲げた国民への約束、マニフェストであることは間違いありません。

商品を買うとき、包装に書かれている産地や効能や賞味期限の日付をみて買います。選挙の投票（いわば商品の購入）も、マニフェスト（包装表示）を吟味して投票します。

もう一度二年九カ月前の民主党のマニフェストとその後の現状を見てみましょう。

・「コンクリートから人へ」八ッ場ダム建設中止　↓建設再開、凍結の新幹線着工へ

・高速道路無料化　↓実験後中止
・ガソリン暫定税率廃止　↓廃止はやめて税率そのまま
・普天間飛行場国外に、少なくとも県外　↓沖縄県内
・議員定数八〇議席削減　↓実現せず
・公務員人件費二割削減　↓実現せず
・消費税は引き上げない　↓身命を賭しても実現へ？

どれもこれも、表示違反の不当表示です。国民との約束で選挙に勝ち、政権の座に着けたのに、その国民との約束は何一つ守らない。こんなウソがまかり通っているのはおかしいです。

そんなことは、政治にはよくあることだよ、目くじら立てるだけ損だ、と言われることは承知の上で、なお目くじらを立てようと思ったのは、四月三〇日、ワシントンでの野田首相の次の発言です。

「何人たりとも党員なら従ってほしい。消費税増税賛成は、当然だ。党の方針通り

まとめることに何の迷いもない」

マニフェストでは、消費税は上げないと言っている。そのほかの国民との公約も、どれもこれも、一言の言い訳もなく完全に反故にしておいて、党内のいわば私的な約束は絶対まもるべきだ、という発言は、まったく国民をばかにしているとしか思えません。国民との公約より党内の決定の方が上位概念だとしたら、民主主義そのものが成り立たない。

消費者庁の不当表示に対する罰則を見ると、不当表示の民主党は、商品回収や発売停止で営業停止。議員活動そのものができないはずですよ。

19　むのたけじ『希望は絶望のど真ん中に』

［2012年1月10日］

去年の一一月に、岩波新書のこの本を知人から贈られた。そして、すぐに読んだ。

読んで、いろいろなことが、頭の中をぐるぐると駆け巡った。いまでもまだ駆け巡っている。

むのたけじさんのお名前は、当然のことながら以前から存じ上げてはいる。しかし、知っていることと言えば、元朝日新聞記者で「たいまつ」の発行者という程度でしかない。著書は、今回、この本を読むのが初めてである。

何が、頭の中を駆け巡っているかと言えば、言い訳である。

むのさんが、日本人に、特にジャーナリストに対し、鋭く突きつけている根源的な問いかけに対し、何とか知らん顔ができないか、もっともらしい言い訳はないか、おろおろしながら、頭をかかえて二カ月も過ぎてしまった。

むのさんは、一九一五(大正四)年生まれ、九六歳の現役のジャーナリストである。一九四五(昭和二〇)年八月の敗戦の日、それまで戦争を推進してきた新聞記者の一人として、その責任を感じて、朝日新聞を辞した。

あの戦争に、結果的に協力した新聞人はたくさんいる。というより、ほとんど全部である。敗戦の報を知り、内心忸怩たる思いのジャーナリストは、少なくなかっただろう。しかし、戦争の実態に目をつぶり、戦意高揚の記事ばかり書き続けた責任を表明して、即日辞職した新聞記者は、むのたけじしかいなかった。

「八月一五日に新聞社を辞めた新聞社員は他に一人もいなかったそうで、それゆえに私の行動は新聞界で話の種の一つにはなったようだ」と、むのは書いている。

むのさんは、九六才のいま、なぜこの本を書くのか、こう言っている。

「目的は、この世のありさまを造り変えたいのだ。私たち人間みんなが人間らしく生き、喜べる世に造り変えたい。そのための根本の仕事は何か。この世から戦争を無くすことだ。……では、どうしたら戦争をなくせるか、戦争をなくすために、私たち人間は何をなすべきか。何をしてはならないか。〔中略〕『反戦平和』と発声するだけのビラや行進や集会や決議を幾ら繰り返したって、それだけでは戦争勢力には立ち向かえない」

そのためには、まず敵を知ることだ、と人間七〇〇万年前からの戦争の種々相を解き明かす。

そして言明する。「問題の本質をごまかしたり、すり替えたりしてはいけないよ。

常に問題の本質と真正面から取り組んで、やるべきことをやり抜かないといけないよ、その努力を続ければ、きっと活路が拓ける」。

ええっ、いまさら戦争論かよ、という声が、我が身の中からも聞こえる。

だが、むのは言う。国際連合の常任理事国五か国だけが、なぜ核爆弾の製造も貯蔵も許されるのか。おかしいではないか。「どこのどなたが、何を根拠に五か国にそんな許しを与えたのか。納得のいく説明を私は全くどこからも聞いたことがない」。

私たちが、「そんなこと言ってもしょうがないじゃないか」「いまさら、そんなわかりきっていることをほじくりかえしても、どうにもならないよ」「子供じみたことをいうなよ」……そう言って、自分を納得させ、問題の本質に触れず、正面から取り組むことを避けてきた。

しかし、むのの言う「常に問題の本質と真正面から取り組め」とは、こういうことだ。その本質的なことを避けて、賢しらに、世故にたけたジャーナリストが、したり顔でのさばっている。

この言葉を、じつは私は何度も聞いている。花森安治から聞いている。賢しらに妥協するな、そんなことで本質が見えるのか……。どれほど花森に叱責されたことか。花森の根源も、ジャーナリストとしての戦争責任だった。人間性を根底から否定し暮しを破壊する戦争こそが、われわれの敵だ、庶民の敵だ、そんな戦争を起こさせないためには、守るべき暮しを作らなければならない。守るべき暮しがあれば、戦争なんて起こらない。起こそうとしても抵抗する。それが『暮しの手帖』の原点だった。

しかし、その根源的な努力を、世故にたけたジャーナリストたちは、書生論だ、子供じみている、世の中はそうはいかんのだよと、さも分かったことを言い、目をそらし軽視する。

むのたけじと花森安治は、その取り組み方に於いてはいささか異なるが、「常に問題の本質と真正面から取り組め」という姿勢は同じだった。

むのさんのこの本を読んで、いつの間にか物わかりのいい、世故にたけた自分を見出し、首をすくめ、言い訳を考えている自分に、花森さんの叱声が響いている。

＊むのたけじ『希望は絶望のど真ん中に』岩波新書、二〇一一年

20 安保闘争と「依ってきたる所以」そして花森安治

［2012年6月11日］

いまから五二年前、一九六〇年五月、六月の日本は騒然としていた。

国論を二分する日米安全保障条約改定の新条約案が、五月一九日に衆議院の特別委員会で、警察官の力を借りて強行採決された。翌二〇日には衆議院を通過したが、これには与党自民党の中からも強い反対の声が上がり、石橋湛山や河野一郎、三木武夫などが欠席や棄権をした。

アメリカのアイゼンハワー大統領が六月一九日に来日する予定なので、それまでに新条約を承認しておきたいためのきわめて強引な強行採決だった。

市民の間でも、在日米軍とその基地の固定化正当化を意図する新安保条約に反対の世論は強く、くりかえし反対デモが行われていたが、この強行採決は「民主主義を破壊するものだ」と、さらに激しい反対運動が連日繰り広げられた。何事にもことなかれ、長いものには巻かれろ主義の日本人にはきわめて稀な、多くの国民をまきこんだ激しい闘争行動であった。

そして、六月一五日夕刻、「国会請願デモに押し掛けた全学連主流派約七千人は衆議院南通用門に殺到、門にツナをかけてこじあけるなど再三国会構内へ突入をはかり、これを阻止する警官と乱闘した」「午後五時廿分ごろ参院第二通用門を埋めていた全学連主流、同反主流と国民会議神奈川県代表などのデモ隊に維新行動隊のノボリをたてた右翼の車が突っこみ、大乱闘となった。この二つの乱闘事件で、十六日午前零分半現在東京消防庁の調べによると、東大文科四年生、樺美智子さん（二二）が死亡、病院で手当てをうけた重軽傷者四八一人、このほか多数の負傷者があるみこみである」（六月一六日朝日新聞朝刊一面）。

この日の反対行動は東京の国会周辺だけでなく、全国で行われていた。

「警察庁の調べによると、全国の状況は次の通り。生産点の職場大会とストは全国の一万百九カ所で行われ、六十四万九千人がこれに参加した。また集会は五百十八カ所、四十四万七千人。デモ五百カ所、四十一万三千人が各所で行われたが、東京を除

いては比較的平穏だった」（同紙同頁）

この結果、アイゼンハワー大統領の来日は中止になった。

問題は、六月一七日付の朝刊各紙に掲載された七社共同宣言である。

「暴力を排し 議会主義を守れ」と大書した共同宣言は「六月十五日夜の国会内外における流血事件は、その事の依ってきたる所以は別として、議会主義を危機に陥れる痛恨事であった。われわれは、日本の将来に対して、今日ほど、深い憂慮をもつことはない。／民主主義は言論をもって争わるべきものである。その理由のいかんを問わず、またいかなる政治的難局に立とうと、暴力を用いて事を運ばんとすることは、断じて許されるべきではない……」と続き、最後に「ここにわれわれは、政府与党と野党が、国民の熱望に応え、

共同宣言

暴力を排し 議会主義を守れ

昭和三十五年六月十七日

産経新聞社 毎日新聞社
東京新聞社 読売新聞社
東京タイムズ新聞社 朝日新聞社
日本経済新聞社

議会主義を守るという一点に一致し、今日国民が抱く常ならざる憂慮を除き去ることを心から訴えるものである」と結ぶ。

とにかく暴力はよくない。なんでもいいから、とにかく暴力はやめて議会にもどれ、議会主義を守れ、というのである。もっともらしい言説だ。

この共同宣言をみて、花森安治さんは怒った。

「新聞は、相撲の行司ではない。新聞はジャーナリズムだ。その新聞が〈その事の依ってきたる所以は別として〉とは何ごとか。〈依ってきたる所以〉こそ、ジャーナリストにとって最も重要なことで、新聞の追求すべき最大の使命ではないか。それを〈別として〉、何をしようというのか」

花森さんは、大声でどなるかと思ったが、むしろ静かにつぶやくように、怒りを吐き出していた。連日の安保闘争の報道に、暮しの手帖編集部もおちおちしておられず、みな寝不足になっていた。

花森さんに「デモに行きたい」と申し出ると、「君は『暮しの手帖』の編集者だ、馬鹿なことを言うな、いまは仕事に専念しろ。もし本当に必要だという事態になったら、デモではなくて『暮しの手帖』の誌面で闘うのだ。その時は、〈依ってきたる所以〉を初めから終わりまで全頁全誌面を割いて検証し、自分たちの主張をして闘うのだ」。

それを聞いて、からだがカーッと熱くなった。

それから半世紀。新聞の軌跡をみるにつけ、〈その事の依ってきたる所以は別として〉と宣言したあの時に、新聞はジャーナリズムとしての使命を見失ったのではないか、という気がしてならない。

21 福島の若者たちの声を聞こう

［2012年2月18日］

先週、福島に行ってきました。

間もなく、あの大震災から一年になろうというのに、復旧はおろか何の展望も開けずに、ただ立ち尽くす人々の姿に出会いました。

福島第一原発事故により、現在でも約三万七〇〇人が仮設住宅、約六万二七〇〇人が民間の借り上げ住宅で暮らしており、自主避難を含めた県外避難は六万人を超えているとのことです。なんと、一五万人を超える人たちが、故郷を離れて、いつ戻れるかも分からず、日夜を異郷で暮らしているのです。

そんな中でも、少しでも住民の役に立とうとNPOとして苦闘している地元の若者たちの話を聞きました。

若者たちは語ってくれました。

瓦礫は片付けました。援助物資も配りました。避難所の世話もしました。話し相手にもなっています。しかし、その先は、どうしたらいいのでしょう。いつまで、どこまでいったら、こういう状況は解決するのでしょうか。警戒区域や計画的避難は、いつになったら解除されるのですか。五年ですか、一〇年ですか。三〇年ですか。いつか分からない。展望が開けない。それは、まるで牢獄の中の未決の囚人と同じではないですか。これほどの苦役はありません。

避難区域ではないところの住民も苦しんでいます。苦労してやっと収穫したコメが、放射能基準値を超えていた。そのニュースが流れたら、他の地域のコメは基準値以下でも、もう福島産のコメは、行き先がなくなってしまいました。農産物も、おなじような被害にあっています。風評被害というのでしょうが、これはだれの責任なのですか。そういう農産物は食べたくないという人が良くないのかもしれないが、原発の事故さえなければ、こんなことは起こらなかったのです。

自分たちは、農業こそ福島県の資産だと考えています。農業を再興することが、福島を再建することだと確信して、農業に従事しようとしているのですが、風評は、いつやむのでしょうか。水田や農地を除染しても、山から引く水が汚染されているので、また土が汚染される。山全体を除染できるのでしょうか。

＊　＊　＊　＊　＊

ＮＰＯとして災害復興に取り組んでいる地元の若者たちは、宝です。希望です。しかし、彼らの前に横たわる現実は、彼らの努力や熱意だけではどうしようもないのです。一生懸命に話してくれる若者を前に、何も答えることができず、ただ黙るしかありませんでした。しかし、それではだめなのです。日本中が、この福島の若者たちの声を聞くべきなのだと思いました。

そのためにも、問題の本質をつきつめる必要があります。

ある仮設住宅で話を聞いたとき、その主婦がたまりかねたように言いました。「東電は、安全だ、絶対安全だと何度も言いました。それはウソだった。ご先祖から何代も受けついできた田畑も屋敷も放り出してきました。私たちは何も悪いことをしていないのに、なぜこんな目に合わなければならないのでしょうね。悪いことをした東電の人達は、ボーナスや給料もたくさんもらって、自分の家で暮らしている。おかしいと思いませんか」。

原発事故は天災ではありません。人災です。何の罪とがもない普通の市民の生活を破壊し、苦境に追いやる悪行は、犯罪です。

東京電力は、とてつもない加害者であり、犯罪者なのです。

最近の東電の言行や姿勢をみていると、とてもその自覚があるとは思えません。国営化の動きに対しても、民間でいたい、株は三分の二所有したい、子会社は整理したくない、資産は処分したくない、値上げは権利だ……そういうことが許される立場だとは、とても思えません。

と同時に、これほどの苦難を福島の人達に与え、多くの国民にも不便を強いながら、脱原発をあいまいにし、原発再開をもくろむ政府や経済界も、加害者、共犯者の自覚が感じられません。絶対に安全だと保証してきた原子力安全委員会も、原子力安全・保安院も、誰一人として責任をとっていません。

犯した罪を償うのです。なんとしても償うべきなのです。

正義のない国家は、かならず衰退します。

22　国会事故調にみる美しき？　日本文化と新聞の責任

［2012年7月14日］

七月一一日に行われた五輪壮行試合と銘打った対ニュージーランド戦の男子サッ

カーは、一対一の引き分けに終わった。後半二六分に先制点を上げながら、終了間際に味方のミスで同点にされてしまった。この試合で、縦横無尽に活躍をした清武弘嗣選手は、試合後「決めるところで決めないと、最後こうなる。点が入らないとしようがない。全員のせい」(スポニチ)と悔しさをあらわにしたという。

別の記事では「試合終了間際の失点で引き分け、ボールを奪われた村松に詰め寄るGK権田」という記述もある。失点の発端は村松がボールを奪われた結果、カウンターを受けた日本は、同点に追いつかれてしまったのだった。

だが、清武は「全員のせい」と言い、権田も「ミスをせめて怒ったのではない」とかばった。

美しきかな、個人の責任は問わない日本の文化!

ところで、この美しい?　日本の文化が問題になっている。

福島第一原発事故を調査する国会事故調査委員会の最終報告書が七月六日に出されたが、その英語版の報告書の冒頭にある「Message from the Chairman」の中で、黒川委員長が、あの大事故大災害は“Made in Japan.”であり、「その根本的原因は日本の文化のしみついた慣習」にある、と記述したからである。

What must be admitted, very painfully, is that this was a disaster "Made in Japan." Its fundamental causes are to be found in the ingrained conventions of Japanese culture:

そして、その染みついた慣習の例として「われわれの反射的な従順さ」「権威に対して問いただきさない姿勢」「集団主義」「島国根性」などをあげている。

この英文のメッセージを読んだ外国の特派員たちは、早速「原発事故の責任を、日本特有の文化のせいにするな」という記事を書いて発信した。

その一つ、フィナンシャルタイムスのMure Dickie記者は「Beware post-crisis 'Made in Japan' labels」という記事を書いているが、その中で、次のように記述している。

Yet there are real risks to explaining the Fukushima Daiichi crisis in cultural terms.

(福島第一原発の事故を文化的な文脈で説明しようとするのは、本当に危険だ)

Focusing too heavily on culture could merely shift responsibility from the institutions and individuals that actually took the decisions that led to disaster.

（文化に極度に注目しすぎると、あの事故につながる決定を実際に下した組織や個人の責任がどこかにとんでしまいかねない）

事故の原因を「日本文化のせい」だとすると、上述の日本サッカーチームのように個人の責任は問わず、清武選手のいう「全員のせい」になってしまうことと、共通しているように思える。

黒川委員長が、「根本的原因は日本の文化のしみついた慣習」にあるという記述は英文だけで、日本語の報告にはなかったので、日本の新聞各紙には、この日本文化原罪論は登場していない。もし、日本語の報告にもこの記述があったら、当然問題視していた、という言い訳めいた論述が見られる。

しかし、文化論は登場しなくても、「われわれの反射的な従順さ」「権威に対して問いただざない姿勢」からきた「根本の責任を追及しない大甘の体質」は、日本の大新聞の特性ではないか。

国会事故調の報告書の発表を受け各紙社説が論評しているので、それを見てみたい。

朝日新聞

……事故は「人災」である。国会の事故調査委員会（黒川清委員長）がそう結論づけた。根本的な原因が政界・官僚・事業者が一体となった原発推進構造と責任感の欠如にあるという認識は、私たちも同じだ。

東京新聞

……事故は東電や政府による「人災」と断じた。原発規制の枠組み見直しは急務だ。個々人の資質や能力の問題でなく、組織的、制度的な問題が、このような『人災』を引き起こした。この根本原因の解決なくして再発防止は不可能である。

毎日新聞

……事故は自然災害ではなく「人災」だ。事前に対策を立てる機会が何度もあったのに実行されなかった。根本的原因は、日本の高度経済成長期にまでさかのぼった政府、規制当局、事業者が一体となった原子力推進体制と、人々の命と社会を守るという責任感の欠如にあった。

読売新聞

……国会の東京電力福島原子力発電所事故調査委員会が、報告書で「事故は自然災害ではなく「人災」と結論づけた。政府と東電は、厳しく受け止めるべきだ。重大事故は起こらないという「安全神話」と決別し、原発の安全性向上に全力を挙げねばならない。

どの新聞も、国会事故調の報告書をなぞっているのだから、どこも同じような記述になるのは当然だろう。しかし、「事故は人災」だと断じている。にもかかわらず、どの新聞も根本的な原因が「政界・官僚・事業者」とか「政府、規制当局、事業者」

「政府と東電」というとらえどころのない組織や制度を指さしているのはどうしたことか。これでは日本文化論とまったく同じではないか。

「事故は人災」というなら、「それは誰なんだ」「どこの役所の誰の責任なんだ」「東電のどの社長の責任なんだ」「原子力安全委員会の誰なんだ」と追及するべきではないのか。

大新聞の論説担当者は、事故調の報告書をうのみにする「反射的な従順さ」「権威に対して問いただささない姿勢」という黒川委員長のいう日本文化そのものではないか。「事故は人災」という意見に同調するなら、それをオウム返しになぞるだけではなく、個人の責任の追及にまで行かなければ、原子力事故を文化のせいにするな、個人の責任をうやむやにしては、原子力事故はまた起こる、という外国の論調の方が、正論だと思えてならない。

太平洋戦争の一億総ざんげみたいな無責任な結論は、もうたくさんだ。

23　丸谷才一さんからの最後の手紙

［2012年11月26日］

明日、一一月二七日の夜、帝国ホテルで丸谷さんのお別れ会が開かれる。

一年前の一二月一日の夜は、同じ帝国ホテルで文化勲章受章のお祝い会だったのに、今度はなんでお別れ会になってしまうのか。かなしい。

「そんなに、もっともらしく悲しんでくれなくてもいいんだよ、もう十分に生きたからね」と、丸谷さんは言われるだろうな。

一〇月一三日に亡くなられたのだが、そのひと月ほどまえの九月六日に、丸谷さんからお手紙をいただいた。

いつもは手書きの文章がめずらしくワープロなので、おやっと思って読む。個人的な私信ではなく、知人たちに送った手紙なので、以下に転載させていただく。

拝呈

前書きその他挨拶めいたことはすべて抜きにして、近況について報告いたします。わたしはこの一月に、心不全になり、二月にNTT病院でステント、四月に金沢大学病院でハイパスの手術を受け、心臓のほうはうまく行つたのですが、これと相前後して腎盂癌が見つかりました。いろいろな条件から、手術その他はむづかしいやうです。余命は数ヶ月から数年とのこと。それで、家に帰つて、原稿を書いたり、本を読んだり、残務整理めいたことをしたりしてゐます。

これだけ生きればもう十分だといふのが今の気持の大部分です。長いあひだいろいろありがたう。

平安を祈る。

頓首

文化勲章受章のお祝いにご自宅を訪ねたとき、先生はお一人で、話し相手がほしかったのか、二時間近くも話してくれた。アップルのジョブズの「デザインは美しく

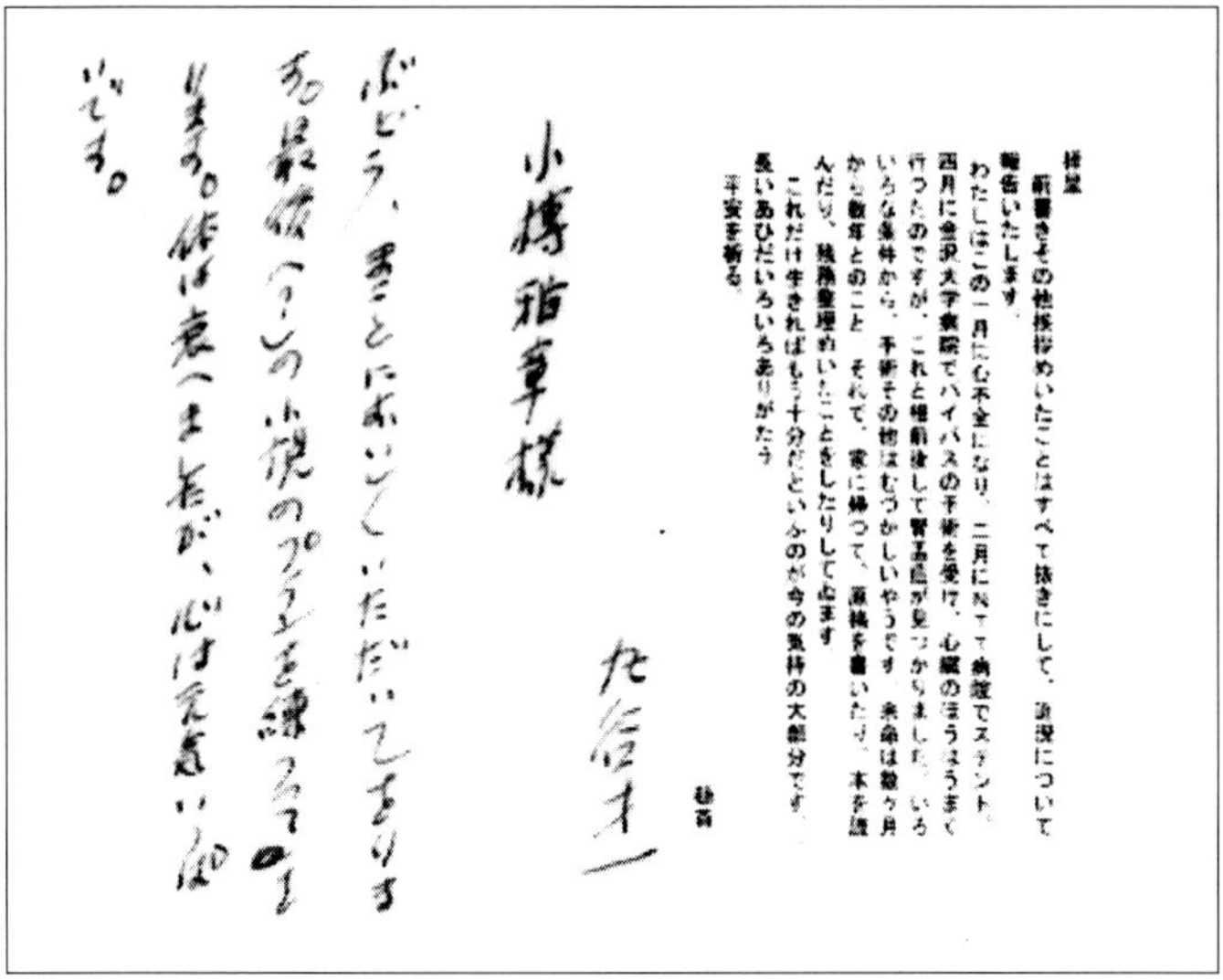
拝啓
前書きその他挨拶めいたことはすべて抜きにして、近況について報告いたします
わたしはこの一月に心不全になり、二月にNTT病院でステント、四月に金沢大学病院でバイパスの手術を受け、心臓のほうはうまく行つたのですが、これと相前後して腎臓癌が見つかりました。いろいろな条件から、手術その他はむつかしいやうです。余命は数ヶ月から数年とのこと。それで、家に帰つて、原稿を書いたり、本を読んだり、残務整理めいたことをしたりしてゐます
これだけ生きればもう十分だといふのが今の気持の大部分です。
長いあひだいろいろありがたう
平安を祈る。
敬具

なければならない」という思い。ああでなければだめだよ。日本の町には美しくないデザインがありすぎる。君はJRという文字のデザインをどう思う。あれは美しくない。品がないよ。

それに比べれば、JTBはまだマシだ。もっとも和田誠さんにそういったら、JTBも悪いとたしなめられたよ、と言ってあははは、と笑っていた。

のどがかわいたなと言って、ご自分で冷蔵庫からアイスクリームを出してきてくれて、ふたりで食べた。うまかったな。

先生、やっぱり、さびしいです。

24　3・10と3・11

［2014年3月10日］

東日本大震災から、三年経つ。3・11は私たち日本国民にとって、忘れえぬつらい日にちである。

そして、その一日前の今日3・10も、決して忘れてはならない日であることを、あえて言いたい。

六九年前の今日、一九四五年三月一〇日未明、東京は火の海と化した。三〇〇機もの米軍爆撃機B29による東京大空襲である。この空襲によって罹災者は一〇〇万人を越え、死者は一〇万人を越えた。

このとき、筆者は東京市芝区新橋で罹災した。父親は召集され二等兵として戦地に赴いており、姉と弟は親類に疎開していて、家には満七歳、国民学校一年生の筆者と母親の二人だけだった。

敵機襲来のサイレンは毎日のように鳴り響いていた。恐るべき焼夷弾の攻撃がいつあるかもしれず、母親に厳しく言われて、空襲に備え、毎晩、寝巻には着替えずにズボンを穿いたまま眠った。枕元に教科書を詰めたランドセルと防空頭巾を置き、いつでも飛び出せるように準備をさせられていた。三月九日の夜もそうした準備をして眠った。

どれほど眠ったのだろうか、突然強くゆり動かされた。「起きなさい、早く起きなさい、空襲空襲！」

眠かった、とても眠かった。しかし、無理やり引きずり起こされて、家の外へ出ると、一〇〇メートルほど離れた大通りの歩道に掘られた防空壕に連れて行かれた。かねて空襲になったらここへ入るんだといわれていたその防空壕の中には、もう七、八人はいただろうか、薄暗いロウソクの光で、顔見知りの足の悪いおばさんと小さな女の子の姿が見えた。

母は、「ここから絶対に出たらダメだよ、じっとしているんだよ」と言ってすぐにどこかに行ってしまった。町内のおじいさんが、「坊主、ここは大丈夫だ、ここは防空壕だからな、爆弾が落ちても大丈夫なんだ」と何度も怒鳴っていた。なるほど、ここは、大丈夫なのだ、と思った。

どれほど時が経ったか。入口の戸が開いて、母親が私を叫ぶように呼んだ。「早くおいで、早く出るんだ」

私は、ここなら大丈夫なのに、なぜ出るのかと思ったが、急いで母のもとに行った。外はなぜか明るかった。母に引っ張られて、急いで家に戻ると、もうすぐ隣の家が燃えている。家の前に家財道具を積んだリヤカーがあり、鬼のような顔をした母は、さらに家から幾つかの荷物を持ち出して積んだ。火はすでに我が家に燃え移り、あちこち燃えはじめた。

「うちが燃えちゃうよー」と私は泣き叫んだ。

母はこれ以上の荷物は諦めて、リヤカーを引っ張り、私が後を押した。

火の粉が降りかかり、防空頭巾が燃えだした。あわてて頭巾を脱ぎ、叩いたり踏みつけたりして消して、またかぶった。

リヤカーは重く、必死の母は、もっと押せ、がんばってもっと押してくれ、と叫んだ。後ろから火の粉が追いかけてきた。

この夜は、強風が吹いていて火はどこまでも広がっていった。みんな風上へ風上へ逃げていた。逃げていく先も燃えていたが、それでも火の中を風上へ進んだ。

向かい風が強く、息ができなかった苦しかった。「苦しいよ、息ができないよー」と叫んだが、母は止まらなかった。リヤカーを放棄したらもっと楽なのにと思ったが、母は歯を食いしばってリヤカーを引き続けた。

どれほど行ったのか、くたびれ果て寒くてもうどうにもならなくなったとき、夜がしらじらと明けて、リヤカーは止まった。母が言った。「生き延びた」。

防空頭巾の外側は焼けて真っ黒。服のあちこちも焼け焦げていた。

知らない町だった。見ず知らずの空家の商店があった。疎開して誰もいない空家だ。そこへリヤカーと私を押し込むと、気丈な母は、「お前は男なのだから、一人でも大丈夫だね。母さんはもう一度、家がどうなっているか見てくるから、ここで待っていなさい」と言うなり、取って返して戻っていった。

あたりには、避難してきた人々がたくさんいた。誰もが自分のいのちを長らえるのに一生懸命で、坊主が一人でいても見向きもしなかった。

一体どのくらいの時が経ったか分からないが、疲れきった母がおにぎりと水筒をもって戻ってきた。

そして言った。「家は全部燃えた。取り出せるものは何もない」。

そして、私を抱きしめた。「あの防空壕から連れ出して良かった。あの中にいた人たちは、みんな焼け死んだ。防空壕もみんな燃えちゃった」

足の悪いおばさんも女の子も、おじいさんも、みんな死んだ。

この無差別な空襲で、一〇万人以上の人が亡くなったのだ。

三月一〇日。3・10。

私は、忘れない。忘れられない。

25　朝日記者がシリア国内で取材「外務省幹部が強い懸念」という記事について――ジャーナリストの使命は何か

［2015年2月2日］

一月三一日（土）の産経新聞に「朝日記者がシリア国内で取材「非常に危険」外務省幹部が強い懸念」という次の記事が掲載されていました。

「朝日新聞のイスタンブール支局長が、シリア国内で取材していることが三一日、分かった。イスラム教スンニ派過激組織「イスラム国」による日本人殺害脅迫事件を受け、外務省は一月二一日、報道各社にシリアへの渡航について「いかなる理由であっても」見合わせるよう求めている。外務省幹部は「記者も当事者意識を持ってほしい。非常に危険で、いつ拘束されてもおかしくない」と強い懸念を示した。支局長はツイッターで、二六日にシリア北部のアレッポに入ったと伝え、現地の様子を写真を交えてリポートしている。

朝日新聞社広報部は「当該記者は、シリア政府の取材ビザを取得し、取材のために同国に入った。記者は当初の予定・計画に従って行動・取材をしている。この件に関しては弊社も了解している」と回答。見解については「お答えを差し控える」としている。

この記事を読んで、なんとも居心地の悪い、違和感に襲われました。

ええーっ、なんで産経新聞はこういう記事を掲載したのだろう、なんでなんだろう。読んだ感じでは、朝日新聞が国禁を犯して、国益を損なうような非常識なことをやっている、ということを訴えたいのかな、と思われます。

そうなのでしょうか。違和感はこの点にあります。朝日新聞のシリア取材は、国の方針に反した非常識な行いなのでしょうか。

ジャーナリズムとは何なのでしょうか。

真実を追求し、それを明らかにする使命を担っているのではないのですか。

対岸の火事を、安全なコタツにでも入って遠望しながら記事を書けというのでしょうか。実際に現場に行ったら、たくさんの人が焼け出されているし、亡くなった方もいた、というような事態になっているかもしれません。そんな状況を自分の目で見、叫び声を耳で聞き、火の粉に焼かれながら、少しでも早く、正確に読者市民に送り届けるのがジャーナリストの使命ではないのですか。

シリアの状況は、確かに危険だと思います。物見遊山や観光のために行かないでほしいという政府の意向は正しいと思います。

でも、ジャーナリストは違います。

シリアやイラクやアフリカの惨状を、私たち日本の市民はどうやって知ることができるのでしょうか。何も知らなくていい、ということなのですか。

実情を知らなければ、市民は何もできません。いやアメリカやイギリスなどの外国の報道があるというのでしょうか。ではアメリカやイギリスの記者は、危険な場所で取材をしてもかまわないが、日本の記者は危険だから行ってはダメだというのでしょうか。

産経新聞の記事を読むと、政府や外務省は、国民や報道機関を檻の中に閉じ込めておくのが安全対策だと決めたようです。面倒なことはやめてくれ、海外旅行も企業活動も自粛せよ、と思っているのでしょうね。

しかし、ジャーナリストは違います。

国民の目となり耳となって、世界中の情報を取材し、国民に届けてもらわなければなりません。でなければ、国民は見ざる聞かざるで何事も知らないことになります。まさか、政府が責任を持って情報を伝えます、などというわけではないでしょうね。七〇年より前、国民は官製の国策情報しか知らされず、連戦連勝だとばかり思っていました。そのあげく、塗炭の苦しみを味わいました。

ジャーナリストは、用意周到の上に、危険を覚悟で、真実を求めて世界中へ飛び立つべきなのです。

26 「勇気と希望をありがとう」阪神大震災と放送の役割

［2015年1月17日］

今日は、一月一七日。二〇年前の今日、神戸は未曾有の大震災に襲われた。

このとき、筆者は新神戸駅近くのマンションの七階で一人で寝ていた。ガーンと強い衝撃があり、ベッドの脇の食器戸棚が倒れてきて、茶碗や皿が砕ける音が響いた。

真っ暗。電気はつかない。恐怖で、何をしたらいいのか震えた……。

こういうことは、テレビや新聞で山ほど語られている。

いまさら、語るほどのことではないだろう。

筆者は、このとき、神戸のFM放送、Kiss−FM KOBEで働いていた。

普段は音楽主体の放送局だが、ラジオ局として災害放送の責務も負っている。

暗闇の中で震えながら、大きな地震に襲われたことはわかった。となれば、一刻も早く放送局へ行かなければならない。ガラスに気をつけながら、身なりを整え、階段を下りて、街へ出て、暗がりの中、倒壊家屋の間を一時間近く歩いて、中突堤にある局にたどり着いた。

放送局も大きな損害を受けて足の踏み場もなかったが、非常用電源が機能して放送は継続していた。泊まりのディレクターが、六時一三分大阪管区気象台発表の地震情

不安との闘い　支えたラジオ

明石市　河相　美恵子（主婦　37歳）

あの大地震から一カ月以上過ぎ、あちらこちらで復興のつち音が響き渡っている半面、あの揺れを直接感じた者にとっては、余震の恐怖と先行きの不安との闘いの毎日でした。

その中で、Ｋｉｓｓ－ＦＭは毎日毎日、朝五時から一日中、「がんばろうや・ウイ・ラブ・神戸」の番組を放送し続けています。細かい生活情報をはじめとして、各国語での呼びかけや復興状況などなど、一言の不満も言わず、ひたすら被災者にエールを送り続け、音楽も元気が出るようにと、思いを込めたリクエスト曲ばかり。

子供が学校へ行き、主人も海外出張中で、ひとり心細い生活を亀裂の入った住居で送っている私にとって、どれだけありがたかったことでしょう。生放送ゆえに、余震のたびにＤＪの方の同時進行の情報で、どれほど不安が解消され心強かったことでしょう。

マスコミの在り方が問われる今、被害の状況と今後の課題も確かに大事ではありますが、現地の者にとっては、これから先を生きていく力を与えてほしいのです。

勇気と希望をありがとう。Ｋｉｓｓ－ＦＭは世界に誇るラジオ局です。

報の第一報を放送していた。

Ｋｉｓｓ－ＦＭには放送機能があり、関西一円二〇〇〇万人に電波を届ける能力があるが、取材記者は一人もいない。

しかし被災者は、いま何が起こっているのか、これからどうなるのか、とにかく情報がほしい。そういう被災者の役に立ちたい。

どうするか。そしてどうしたか。

上に掲げたのは、震災から四〇日あまりたった二月二八日の朝日新聞声欄に掲載された被災者の声である。

「勇気と希望をありがとう」大震災時の被災者の心情に寄り添って、放送局として少しでもお役に立てたのではないかと、この投稿を拝見したとき、涙が止まらなかった。

27 ジャーナリズムは安部首相の応援団なのか

［2015年6月5日］

放送会社の友人と話していたら、ぽつりと「近頃、安倍首相の扱いがうるさくてしんどくてかなわん」とこぼす。何がしんどいのだと聞くと、「国民のために行動している安倍さん、頑張っている安倍さん」の姿をできるだけ流すように、というお達しなんだ、と声を潜める。

「おいおい、そんなことありえんだろう、そんなお達しが出るはずがない。表沙汰になったら大騒動だぞ」と言うと、「当たり前だ、文書で出るはずがあるか。空気だよ、空気」。そして、わかるだろ、と首を振った。

山本七平さんが唱えたように、この国は「空気」に支配されている。

自民党の圧勝で、党内は磐石。野党は全くの無力で遠吠えしかできない。やりたい放題の安倍さんに逆らえるような「空気」はどこもない。しかし、ジャーナリズムは違うはずだ。ダメなものはダメと報道するのがジャーナリストの使命である。だが、言われてみれば、どのテレビも、安倍さんの元気な姿をせっせと報道している（ような気がする）。

テレビやラジオの放送局は、電波の許認可を総務省に握られているから、強い政権には怖くて逆らえないのかも。ましてNHKの会長人事やキャスターの更迭などの露骨な仕打ちをみたら、恭順の旗をかかげなければという空気があふれる。

しかし、それじゃあジャーナリズムとはいえないよ。

ボヤキを聞いて、放送ジャーナリズムの危うさを思ったが、待てよ、ジャーナリズムの本家の新聞はどうなっているのだと思う。

そして、新聞ジャーナリズムも目を覆いたくなるような惨状にあることに、あらためて気づかされた。

まるで、安倍政権の応援団のような論陣をはっている巨大新聞がある。そのコバンザメのような新聞もせっせと提灯持ちをしている。

そのほかの新聞も、舌鋒は鋭くない。原発事故も憲法9条についても、集団的自衛権の論調も、賛成反対両論併記の腰の引けた論述が多く、空気を読んで御身大切を最優先にしているような気がしてならない。

これでは、大政翼賛的ジャーナリズムではないか。国論をミスリードして、この国の未来に禍根を残さないかと危惧をする。

ジャーナリズムの存在意義は何か。

『暮しの手帖』の編集長の花森安治に「ジャーナリストの使命は何か」と問うたとき、こう答えた。

「権力に抗すること。権力を糺すこと」

「権力に迎合する、まして応援するなど、ジャーナリズムの最も恥ずべきことで、やるべきことでない」

でも、自分たちも賛同できるような政治をしている政府だったら、ジャーナリズムも応援したほうがよいのではないですか、と聞いたら、お前は何にもわかっていないなという顔をして、答えた。

「政権は、それ自体、権力で、自らのほしいままにできるのだから、ジャーナリズムがそれを応援する必要などまったくない。自分たちの主張と同じだったら、ただ黙ってみていたらいいのだ。権力に迎合したり応援するようなのはジャーナリズムではない」

ジャーナリズムの使命は、「権力に抗すること。権力を糺すこと」

ジャーナリストたちよ、心してペンを握ってほしい。

28 『暮しの手帖』はなぜ広告を載せないのか
――広告をやめさせろという言論統制発言について
［2015年7月10日］

先月六月二六日に自民党の勉強会で、報道機関に広告主を通じて圧力をかけるべきだとの議論が噴出したという。

翌二七日の新聞各紙は一斉に警告の論説を掲載している。

たとえば、毎日新聞の社説は、

……危うい風潮である。安倍晋三首相に近い自民党若手議員の会合で、今国会で審議中の安全保障法制をめぐり、報道機関に広告主を通じて圧力をかけるべきだとの議論が噴出した。講師として出席した作家は沖縄の新聞2紙について「つぶさないといけない」と発言した。民主主義の根幹をなす言論の自由を否定しかねない言動が政権与党の会合で出たことに驚く。非公式な議論という説明では済まされない。一連の発言内容は不適切だという認識を首相はより明確に示すべきだ。

問題の発言は自民党議員による勉強会「文化芸術懇話会」で、NHK経営委員も務めた作家の百田尚樹氏との質疑の際に出た。安保法制の国民理解が広がらないことと報道の関連をめぐり、出席議員の一人は「マスコミを懲らしめるには広告料収入をなくせばいい。文化人が経団連に働き掛けてほしい」と発言したという。報道機関をどうかつし、政権批判を封じようというのでは言論統制に等しい発想である。〔以下略〕

新聞もテレビも雑誌も、どれもマスコミの収入源の多くは広告である。

新聞の販売収入は約六割で、約二五％近くが広告収入だ（新聞協会）。特にテレビの収入源は、ほとんどが広告である。まさに、広告は生命線。広告という糧道を絶たれたらテレビは絶対に生きてはいけないし、新聞も経営が行きづまるだろう。

自分たちに異を唱えるマスコミは広告をやめさせて、困らせなければならないと自民党の議員が考えるのも不思議ではない。

＊＊＊＊

ところで、『暮しの手帖』という雑誌がある。

花森安治編集長のもと、発行部数一〇〇万部の生活雑誌として戦後の世論形成に大きな影響力を持っていた。特に商品テストが特色で、電気冷蔵庫や電気洗濯機などの性能検査のテストをして、買うべき商品ではないなどと遠慮なく評価を発表していた。

その『暮しの手帖』には、広告がない。タダで配る同人雑誌ではない。広告がなければ経営できないはずの営業雑誌なのに広告がないのである。

なぜか。なぜなのか。

『暮しの手帖』の編集部員だった筆者は、編集長の花森さんから真顔で「『暮しの手帖』はなぜ広告を取らないのか」と糺されたことがある。一九六〇年、安保騒動の真っ最中で連日国会議事堂の周りを数万ものデモ隊が押し寄せていた時だ。

筆者は、「商品テストをするためには、東芝や日立やナショナルの広告をもらっていたら、中立の評価ができないし、広告をもらっているから手加減をしているのだと読者からも信用してもらえないので、広告をとらないのです」と教科書的な返事をした。きっと優等生の得意顔だったのだろう。

「その通りだ。だれでもそう思う建前だ」と言ってから、顔をあらためて、「でもな、われわれの相手は商品テストのメーカーや企業だけではない。本当の相手は、権力だ。政府だ。自分たちに異論を唱え、反対するジャーナリズムは、必ず潰しに来る。広告で経営していれば、必ず広告を出さないように企業に圧力をかける。それが権力だ。権力に抗しようとすれば、権力に隙をみせてはならない。いま新聞もテレビも、安保改定反対を叫んでいるが、本当の土壇場になっても踏ん張って権力に逆らえると思うか。広告を止めると言われても、本当に主張を曲げないか。

『暮しの手帖』は最後の最後まで、主張を曲げない。その時は全頁をあげて主張すべきを主張する。そのために広告を取らないのだ。胸にしまっておけ」

花森さんは、権力を信頼しない。国民は、権力にどれほど騙され、ひどい目にあったことか。そしてその片棒をどれだけ新聞や雑誌が片棒を担いできたことか。ジャーナリズムが広告を止めると脅かされて腰抜けになり、いつまた権力におもねるかわからない。

だが、万一そうなっても、『暮しの手帖』だけは最後の最後まで全力で戦えるために、広告を取らないのだ。

七月四日の毎日新聞の社説の末尾は、

……首相は「言論の自由、報道の自由は、民主主義の根幹をなす。これは一貫した安倍政権、自民党の姿勢であり、その姿勢が疑われるような発言があったことは誠に遺憾だ。今後とも、こうした疑いをもたれることのないよう、しっかりと襟を正していきたい」と述べている。

この言葉を忘れないでほしい。〔以下略〕

「この言葉を忘れないでほしい」と、安倍首相にくぎを刺しているのも、常套句ながら結びとして適切なのだろうか。

しかし、なんと能天気な甘々の結び。

「この言葉を忘れないでほしい」と言ったら、守ってくれるほど、権力は甘くない。権力は、勝手に忘れるのだから。いくらでも臆面もなく前言を翻すのだから。

それを骨身にしみるほど味わってきたから、『暮しの手帖』は広告を取らないのだ。

29　放送局の電波を止めるかも、言論統制なんて簡単さ

［2016年2月15日］

二月八日の衆院予算委員会で、放送局の免許権限を持つ高市早苗総務相が、「行政指導しても全く改善されず繰り返される場合、何の対応もしないと約束をするわけにはいかない」と答え、政治的公平性を欠く放送を繰り返した場合、電波停止を命じる

可能性があることに言及した。一五日の今日も同じような発言を続けている。

電波を止めると言う放送局の存廃につながる権限を行使する可能性もある、という権限者の大臣の発言だけに看過できない。

私は、神戸の民間放送局の責任者だったことがある。その当時、監督官庁だった郵政省に、一部の変更をお願いしたところ、その尊大で、人を人とも思わぬ横柄な態度に、どれほど泣かされたかわからない。お前は何さまと思っているんじゃ、とわめきたくなるような屈辱を味わったが、相手は電波の許認可権を握っているお役人だ。仮にも私はその放送会社の社長だったが、ご意向に沿うようにお追従をいいつづけた、ご機嫌を損ねないように、ただひたすら頭を下げ続けたのである。

放送局が電波を止められたら、放送局でなくなる。会社がつぶれる、社員も路頭に迷うのだ。この恐怖がどれほど放送局を委縮させるか、わかるだろうか。時の政府の意向で、その可能性もあるから気をつけろ、と言われたら、放送局としたら「へへえー、ご意向に従いまする」と言うしかない。言論の自由なんてとんでもない。社内で一斉に、危ないことは一切禁止、無難に、おだやかにと牙を抜かれた状態になる。

政府は、「政治的公平性が問題だ」という。高市総務大臣が「行政指導しても全く改善されず繰り返される場合、何の対応もしないと約束をするわけにはいかない」と言うのだが、政治的公平とはなんだ。それこそ問題だ、という識者もいる。私もそれが問題だと思う。しかし、安倍内閣としては、そんな面倒なことをとやかく言う必要はない。「電波など止めませんよ、でも可能性は否定しませんよ」と、さも当たり前のことをさらっとつぶやいていれば、それだけで十分。あとは放送局が勝手に恐れ入って自粛するのを、高みの見物していればいいのである。

放送局は電波を止められるからたいへんだ、その点、新聞社は大丈夫、などと思っていたら、それは権力の恐さを知らない。売り上げ部数が減り続けている新聞社としたら、頼りは広告だ。それを止められたらどうなるか、そんなことはないよ、と経営者は考えているのだろうか。

花森安治さんは、それを見通して、『暮しの手帖』を広告のない雑誌に作り上げた。『暮しの手帖』が広告を取らないのは、商品テストのためだと思われているが、それよりも、相手は国家だ。権力だ。国家に対抗するためには、弱みを握られてはいけない。敵はしたたかで強大だ。ジャーナリストは、死にもの狂いで、権力に対峙しなければならない。ジャーナリストに、その覚悟があるのかどうか、その方が問題なのだ」と語っていた。

ジャーナリズムの、覚悟が問われている。

30 国を守るとは、何を守るのか

［2016年5月3日］

今日は、憲法記念日です。

新聞もテレビも、この日前後には、憲法問題を特集しています。

そういう日だから、逆に憲法については発言したくないのですが、今年は選挙の争点にもなりそうだし、安倍政権のあまりのひどさに黙っていられなくなりました。

私の言いたいのは、きわめて単純です。

難しいことを考えると本質が見えなくなります。

一番単純なこと、「もう絶対に戦争はしてはだめだ」ということです。憲法九条は、二度と戦争はイヤだ、という国民の痛切な思いからつくられたのです。たくさんの人の生命と汗と涙の上に、やっと獲得したものなのです。

アメリカから押し付けられたとか、自主憲法ではないからとか、アホなことを言っている向きもあるようですが、その人たちはあの戦争がどれほどひどい苦しいつらい結果をもたらしたか、知っているのですか。

私の父親は、一兵卒として三六歳で召集され、一九四五（昭和二〇）年七月一日にフィリピンで戦死しました。

〈お国のために〉〈お国を守るために〉戦った名誉の戦死だ、誇らしいことだと言われました。

なにが名誉の戦死だ、三六歳のロートルまで戦場に駆り立て戦死をさせ、女房と四人の子供を路頭に迷ませて、飢えさせ、寒さに震えさせて、何が誇りなんだ。

その〈お国のために〉というのは、なんですか。

〈お国を守るために〉というのは、何を守るのですか。

日本の国土のことですか。

日本国民のことですか。

日本の国民や国土のことだったら、戦争はそれをめちゃくちゃにしてしまったではないですか。

沖縄は文字通り全島が戦場になり、約一〇万人もの住民が亡くなりました。

東京も大阪も名古屋も、日本中の主だった都市には米軍の飛行機が襲来し、膨大な数の焼夷弾を落としていきました。焼夷弾は、燃えやすい油などが詰まっていて落下すると一瞬にして燃え上がって飛び散り、多くの家屋などを焼き、人々を殺傷させました。

戦闘員でもない日本のふつうの国民が空襲のために、全国で約五〇万人とも一〇〇万人ともいう人が、亡くなりました。三月一〇日の東京大空襲でわが家も焼かれましたが、この空襲で約一〇万人も死にました。

お国のため、国を守るために、というのは、国民の生命や財産を守るためではなく、それを犠牲にして何をまもるのですか。お国のためというその国とは何ですか。国民ではないのですか。

戦前は、国体護持、つまり天皇制を守る、そのために、醜の御楯（天皇のために自分を犠牲にしてもお守りする）となるのだ、と言われました（「今日よりは顧みなくて大君の醜の御楯と出で立つわれは」『万葉集』四三七三）。

そして、日本は敗戦し、国民の多くの生命が犠牲になり、町は破壊されました。国は天皇のものではなく、国民みんなのものだ、何よりも国民を大切にする国家でなければならない、それを実現するための憲法が、いまの日本国憲法なのです。改めて言います。まさに国民の生命と汗と涙の上に、やっと獲得したものなのです。

念のために、日本国憲法の三つの基本原則をおさらいします。

第一に、国民主権↓天皇は象徴であり、主権は国民にある。

第二に、基本的人権の尊重↓この権利は最大限に尊重される必要があり、侵すことのできない永久の権利。

第三に、平和主義↓「戦争の放棄」「戦力の不保持」「交戦権の否認」を定めている。

中学校でも習うような憲法の基本を、いま改めて持ち出したのは、この三原則が脅かされようとしているのです。安倍内閣は、憲法改正を選挙の争点だと言っています。あの、太平洋戦争の多大な国民の犠牲や甚大な国土の破壊の反省の上に、やっと獲得したこの三原則を、私たちは失おうとしているのです。

また戦争をするような国になってもいいのですか。

二度と戦争をしないという、不戦の誓いは、もうなかったことにするのですか。

今日の憲法の日などを云々するよりも、大事なのは六月の参議院選挙だと強く思っています。

あとがき

小樽は一九六〇年に暮しの手帖社に入社した。

NHKの朝ドラ「とと姉ちゃん」がこの創業者の一人の大橋鎮子さんをモチーフにしているので、久しぶりに『暮しの手帖』に光が当たったが、私はこの雑誌の編集長花森安治に、とことん鍛えられた。

ものの考え方や原稿の書き方など様々なことを学んだが、もっとも厳しく教え込まれたのはジャーナリストとしての生き方である。「君はそれでもジャーナリストかっ！」「牢獄に入る覚悟で原稿を書いているか」「権力は牙を研いでいる、君はペンを磨いているか」

花森の言うジャーナリストの要諦は何か。

「あくまで庶民の立場で取材をし、記事を書いているか」

「それは、真実か。確かめたか。断固伝えるべきことなのか」

「おもねってはいないか。はばかったり、遠慮したりしていないか」

「ジャーナリストの使命は、庶民のいのちや暮しをめちゃくちゃにする馬鹿な戦争を、二度とふたたび起こさせないように、この国を歩ませることだ」

「戦うべきは、権威だ、国家だ。巨大な企業だ」


仄聞するに、いまの言論界は、御身大切、唇寒しと自己規制して、言うべきことは言わない。下手なことを言うと、スポンサーに逃げられる。広告がとれない。広告主の企業は、官邸の風向きに敏感である。スポンサー企業の意向はなにより重要だ。ただでさえ新聞も雑誌も、部数も広告も激減している。テレビの広告収入も減る一方だ。

『暮しの手帖』は広告を取っていない世界で唯一の営業誌である。

権力におもねらず、自由に戦うためには、広告に依存しない言論でなければならないと、花森が敗戦直後の焼け野原で思い定めたことだ。その危惧が、いま現実になりつつあるような気がしてならない。

雑誌「埴輪」は、市井の片隅のほんのかすかなブログ雑誌だが、何者何事にもおもねらず、言うべきことは断固発言する。「まえがき」で宇治敏彦が言うとおり、「戦後民主主義の頑強な信奉者がどっこい生きている」ことを示したいと、小榑も思っているのであります。

ブログの雑誌「埴輪」(http://magazinehaniwa.blog70.fc2.com/)を、ごらんいただけたら、まことに幸いでございます。

小榑雅章

❖著者略歴

宇治敏彦（うじ・としひこ）

1937年大阪生まれ。早稲田大学文学部英文科卒業。1960年東京新聞社入社、前橋支局、社会部、政治部記者。1967年中日新聞社入社、政治部次長、経済部長、編集局次長、論説主幹、取締役、常務・専務取締役（東京新聞代表）を経て、現在相談役。早稲田大学、学習院大学の非常勤講師を10年務めた。他にフォーリン・プレスセンター評議員、日本生産性本部幹事、日本政治総合研究所常任理事など。趣味は版画制作。

主な著書

『新中国への旅――革命社会の暮らしを訪ねて』（1975年、平河出版）、『中国問診』（1979年、東京新聞出版局）、『鈴木政権・863日』（1983年、行政問題研究所出版局）、『広報主流時代――「生きた広報」の勧め』（1988年、日本広報協会）、『政治記者の定点観測』（1995年、行研出版局）、『心を伝える――新聞記者が体験で綴るコミュニケーション学50章』（1998年、チクマ秀版社）、『論説委員の日本分析』（2002年、チクマ秀版社）、『木版画萬葉秀歌』（2009年、蒼天社出版）、『実写1955年体制』（2013年、第一法規）、『政の言葉から読み解く戦後70年――歴史から日本の未来が見える』（2015年、新評論）、『版画でたどる万葉さんぽ――恋と祈りの風景』（2016年、新評論）。共著として、『首相列伝――伊藤博文から小泉純一郎まで』（〔宇治敏彦編著〕2001年、東京書籍）など多数。

小榑雅章（こぐれ・まさあき）

1937年東京生まれ。早稲田大学第一文学部国文科卒業。1960年暮しの手帖社に入社。『暮しの手帖』の創刊者・初代編集長の花森安治が永眠するまで、18年間にわたり薫陶を受ける。もうひとりの創業者でNHK朝ドラの「とと姉ちゃん」のモデル大橋鎭子とは、24年間をともにした。退社後、スーパーマーケットのダイエーの創業者中内㓛に招聘されて入社。中内㓛社長のもとで働く。調査室長、取締役秘書室長、流通科学大常務理事兼事務局長、兵庫エフエムラジオ放送（Kiss-FM KOBE）社長、ダイエー消費経済研究所代表取締役会長などを歴任。その後、関西大学大学院博士課程で社会心理学を学び、社会学博士。現在は、企業やNPO等の組織の利他行動の社会心理をリサーチする「向社会性研究所」主任研究員。『暮しの手帖』では消費者の立場から市民の暮らしを支え、ダイエーでは売る側の立場で暮らしを支えた。

主な著書

『恋文から論文まで』（〔丸谷才一編〕1987年、福武書店）、『聖徳太子の声』（〔文藝春秋編〕1994年、文藝春秋）、『勇気と希望をありがとう――震災と闘った神戸の小さな放送局の記録』（〔兵庫エフエムラジオ放送編〕1995年、兵庫エフエムラジオ放送）、『良心ある企業」の見わけ方――向社会性という新しい企業価値』（2006年、宝島社）、『環境行動の社会心理学――環境に向き合う人間のこころと行動』（〔広瀬幸雄編集〕2008年、北大路書房）、『思いやりはどこから来るの？――利他性の心理と行動』（〔高木修・竹村和久編〕2014年、誠信書房）、『花森さん、しずこさん、そして暮しの手帖編集部』（2016年、暮しの手帖社）など多数。

いま言わずして　二人誌「埴輪」

二〇一七年一月一五日　初版第一刷発行
二〇一七年二月二五日　初版第二刷発行

著者・発行者　宇治敏彦／小榑雅章

発　　売　㈱三恵社
〒四六二－〇〇五六
愛知県名古屋市北区中丸町二－二四－一
電話　〇五二－九一五－五二一一
FAX〇五二－九一五－五〇一九
http://www.sankeisha.com

編集協力　北村正之
装丁・DTP　永井佳乃
印刷・製本　㈱三恵社

ISBN978-4-86487-619-3